HISTOIRE GÉNÉRALE DE PARIS

COLLECTION DE DOCUMENTS

FONDÉE

AVEC L'APPROBATION DE L'EMPEREUR

PAR M. LE BARON HAUSSMANN, SÉNATEUR

PRÉFET DE LA SEINE

ET PUBLIÉE SOUS LES AUSPICES DU CONSEIL MUNICIPAL

PARIS EN 1380

TOUS DROITS RÉSERVÉS.

HISTOIRE GÉNÉRALE DE PARIS

PLANS

DE RESTITUTION

PARIS EN 1380

PAR

H. LEGRAND

ARCHITECTE-TOPOGRAPHE

ATTACHÉ AUX TRAVAUX HISTORIQUES DE LA VILLE DE PARIS

PARIS

IMPRIMERIE IMPÉRIALE

M DCCC LXVIII

I. – NOTICE.

PARIS EN 1380.

NOTICE.

Sommaire. — Importance des représentations figurées, au point de vue historique.— Ichnographie parisienne. — Plans de restitution. — Avantages généraux du plan restitué en élévation. — Défauts propres à ces plans. — Conditions nécessaires à l'établissement d'un plan cavalier. — Appréciation définitive du plan cavalier.— Choix des époques; considérations qui le motivent. — Époques successives, se prêtant à l'établissement d'une série de plans cavaliers. — Paris en 1380; raisons de commencer par cette date. — 1380, époque parfaitement caractérisée. — Coup d'œil général sur le Paris du moyen âge (996-1514). — Mode de peuplement. — Vue d'ensemble. — Influence topographique des associations parisiennes. — La Seine et les quais. — Le Commerce. — Rues et maisons. — Habitations particulières. Détails intérieurs. — Détails extérieurs. — Grands édifices; particularités de la voie publique. — Toitures. — Moulins.— Pavage. — Viabilité. — Aspect à vol d'oiseau. — Faubourgs et environs immédiats. — Rive droite. — Cours d'eau de la rive droite. — Rive gauche. — Échelle et détails de ce plan. — Considérations particulières suggérées par le plan de 1380. — Observations de détail. — Orientation. — Plan ichnographique annexe.

Lorsqu'on veut rétablir, soit d'après les repères existants, soit sur la foi des textes et des plans contemporains, l'état vrai ou très-vraisemblable de Paris au moyen âge, on comprend la nécessité d'éclairer les vieux récits et les vieilles ruines par de nombreuses représentations figurées, qui révèlent aux yeux, comme à l'esprit du lecteur, l'époque même qu'il s'agit de faire revivre. Pour atteindre ce but, la Ville de Paris prodigue, avec une libéralité digne d'elle, les miniatures, les gravures anciennes, les *fac-simile* de signatures et de caractères manuscrits, les pièces probantes fournies par les terriers et les censiers, les relevés de substructions et de débris anciens, enfin tout ce qui peut aider à une restitution complète du passé.

Importance des représentations figurées, au point de vue historique.

Malgré la largesse avec laquelle la Ville sème ces utiles et curieux documents, il en est d'autres qu'elle doit avant tout mettre en lumière, parce qu'ils intéressent au premier chef l'histoire de Paris, et qu'ils aident puissamment à l'in-

Ichnographie parisienne.

telligence des faits dont la Capitale a été le théâtre ; nous voulons parler des plans de toute nature que le passé nous a légués ou que la science moderne s'efforce d'établir : plans d'ensemble et plans de détail, plans géométraux et plans en perspective, plans contemporains et plans de restitution, toutes les variétés enfin dont se compose l'ichnographie parisienne.

<small>Plans de restitution.</small>

La *Topographie historique du Vieux Paris* a inauguré la série des plans linéaires restitués ; les plans cavaliers, ou en élévation, qui en sont le complément indispensable, doivent avoir leur tour. Rien de plus attrayant, rien de plus propre à faire comprendre le Paris du moyen âge, que ces vues cavalières, que ces « pourtraicts de cités, » comme on les appelait autrefois, qui retracent d'une manière si frappante l'aspect des villes anciennes. Des plans de cette nature sont extrêmement précieux, quand on les trouve dans les dépôts de manuscrits et de vieilles estampes ; mais ils n'existent que d'une façon fort imparfaite pour les époques postérieures au xvie siècle, et ne se rencontrent que par portions disséminées dans les manuscrits ou dans certains tracés visuels, enfouis au milieu des archives, pour les temps antérieurs aux Valois. On s'est donc résolu à les créer de toutes pièces, en prenant, pour base du travail à faire, le plus ancien document graphique connu jusqu'à ce jour, et en procédant par élimination, à mesure que l'on remontait le cours des âges.

<small>Avantages généraux des plans restitués en élévation.</small>

Quelle que soit l'exactitude des plans géométraux, on arrive toujours à constater que, si l'on pouvait obtenir un plan cavalier exact, comme mesures et comme dispositions, et aussi fidèle que possible, comme image des édifices et des constructions, ce serait incontestablement le meilleur moyen de faire passer dans l'esprit du lecteur les idées, les préjugés, les passions qui s'agitaient dans ce milieu presque inconnu aujourd'hui. On ferait en outre comprendre avec plus de facilité, et d'un seul coup d'œil, certaines dispositions des rues et des places, des maisons, des jardins, des fortifications de Paris, où se trouve parfois la raison de certains événements publics et privés, devenus obscurs pour nous à la distance où nous en sommes, tandis qu'ils étaient parfaitement clairs pour les contemporains qui vivaient dans cette cité, que nous retrouvons aujourd'hui si différente d'aspect et de destination. Il résulterait d'un pareil travail une véritable résurrection du passé ; la cité apparaîtrait telle que l'ont vue les auteurs du temps, au moment où ils ont rendu témoignage de ce qu'ils avaient sous les yeux.

Telle a été, du reste, la pensée de presque tous les topographes parisiens antérieurs à De Lagrive (1734-1755). Gomboust lui-même (1652), le plus justement estimé de tous, n'a renoncé qu'avec regret à la vue cavalière, dite *à vol d'oiseau*, et il a, en quelque sorte, combiné les deux systèmes, puisqu'il donne tous les édifices de quelque importance en élévation, et qu'il se borne, pour le reste, à des hachures[1]. L'habitude de ce mode de figuration était tellement enracinée, que la plupart des plans visuels ou croquis cotés, dressés par les anciens arpenteurs, sont de véritables plans cavaliers, avec le croquis grossier des bâtiments, des arbres, des haies et autres objets formant relief sur le sol.

Il ne faut pas penser toutefois que les auteurs de ces images aient eu la prétention de faire une chose rigoureusement exacte, comme on l'exige aujourd'hui. Le topographe ancien traçait le réseau des voies et des rues; sur ce réseau il relevait les édifices avec leur apparence, ou à peu près. Quant aux maisons, il donnait à toutes le même aspect, sans se préoccuper ni de leur nombre, ni de leurs dimensions relatives, absolument comme on l'a fait pour celles qu'on a placées sur les cartes ichnographiques des xviie et xviiie siècles, afin d'indiquer l'importance, en même temps que la situation du lieu signalé. On y voit, par exemple, des personnages, des animaux, etc. d'une proportion exagérée; on y découvre également des navires, des plantes, des animaux et des personnages, destinés à figurer aux yeux les productions, le commerce, l'industrie des contrées sur l'emplacement desquels ces objets se trouvaient dessinés.

On doit aussi faire remarquer que, dans les plans cavaliers, ou plutôt dans les vues à vol d'oiseau, antérieures au xviie siècle, ce n'est point un plan, à proprement parler, que l'on a sous les yeux; c'est une perspective prise de haut. Ce serait donc exiger de l'auteur plus qu'il n'a voulu donner, que de chercher, sur ces croquis pittoresques, une exactitude qui ne doit pas s'y trouver. C'est par suite d'une sorte de convention tacite, entre l'auteur et le lecteur, qu'on y aperçoit tout à la fois les Bonshommes, Charenton, Vincennes, Clignancourt, Vaugirard et autres localités, situées alors en dehors de Paris. Il est d'ailleurs facile de voir que les fonds sont en perspective.

Parmi les anciens topographes, Du Cerceau (1560?) et Quesnel (1609) offrent une certaine exactitude dans leur tracé; Gomboust en a davantage encore; mais

Défauts propres à ces plans.

---

[1] Voir, pour les anciens travaux des topographes parisiens, l'*Introduction à l'Histoire générale de Paris*, et la *Topographie historique* (région du Louvre et des Tuileries), t. I, préface.

ce dernier a déjà renoncé à figurer les maisons, et forcé un peu les dimensions des édifices. Après lui, on alla plus loin dans cette voie de libre allure. Au commencement du XVII° siècle, Quesnel compléta son plan avec l'image de constructions projetées, qui n'ont pas été exécutées depuis; il fit, comme ses devanciers, entrer dans son *champ* trop étroit des localités intéressantes, en rapprochant les distances qui les séparaient des limites de son cadre. Au reste, il a fourni lui-même la meilleure preuve du peu d'exactitude géométrique qu'il entendait donner à son œuvre, en plaçant, entre les pointes d'un compas, une échelle avec cette légende : « mesure du pas de l'auteur. » Il avait donc simplement mesuré à son pas, réglé le mieux possible, les longueurs des rues, des ponts, et établi là-dessus le réseau qu'il a dessiné. Sans doute il avait quelques relevés d'arpenteurs, pour certaines parties; mais on peut juger, à la simple inspection de ce plan, que l'auteur s'est donné la plus grande latitude pour fixer ses lignes sur le papier. Ce plan, comme ceux qui sont plus anciens, n'en est pas moins précieux par les renseignements qu'il offre.

Un siècle et demi plus tard, on respectait davantage le tracé géométral; mais un autre vice s'était perpétué dans ce genre de travail. On remarque facilement, par exemple, dans le plan dit *de Turgot* (1734-1737), avec quel soin le dessinateur évite de passer sur les lignes du tracé, et cette préoccupation l'amène souvent à déformer les édifices d'une manière choquante; c'est ainsi que des rues très-étroites y prennent une largeur exagérée[1]. Malgré ces défauts, il est certain que ces plans, ou « pourtraicts, » comme on les appelait autrefois, exercent une sorte de séduction sur le spectateur, et lui donnent immédiatement une idée vive et saisissante de l'aspect général de la cité, à l'époque où il veut en étudier l'histoire.

Mais, si un plan de ce genre a l'immense avantage de retracer, mieux que toute autre figuration, l'aspect ancien d'une ville, surtout quand il est relevé sur un tracé d'une exactitude rigoureuse, en revanche il faut convenir que, sauf pour les édifices importants, il reste toujours quelque chose d'hypothétique dans la représentation, même étudiée, de parties détruites, dont on n'a conservé que des fragments. Il est vrai de dire que Paris, dans ses trois grandes divisions, conservait encore, il y a peu d'années, de nombreux témoins de cet état ancien[2]. Là où ces

---

[1] Voir la préface de la *Topogr. histor. du Vieux Paris* (région du Louvre et des Tuileries), t. I, p. xx.

[2] Nous citerons comme exemples : sur la rive droite, les quartiers qui avoisinaient l'Hôtel de Ville et Saint-Gervais, l'ancien quartier des Arcis, autour de Saint-Merry, et le pâté qui sépare la rue Saint-Martin de la rue Quincampoix; dans la Cité, toute la partie récemment démolie pour déblayer l'emplacement du nouvel Hôtel-Dieu, et, aujourd'hui encore, ce qui reste entre la rue de la Colombe et la rue Chanoinesse. On vient de démolir tout un quartier autour de Saint-Marcel, et, derrière

traces nous font défaut, nous les retrouvons dans les villes immuables, comme l'Allemagne et l'Espagne en possèdent encore aujourd'hui, où les mêmes besoins et les mêmes habitudes ont créé des dispositions matérielles presque identiques. La topographie comparée, traitée avec prudence et circonspection, nous paraît appelée à éclairer bien des points restés douteux jusqu'ici.

Établissons toutefois, en principe, que, pour exécuter un plan de ce genre, il ne faut point s'astreindre à l'exactitude mathématique qu'exige le plan en simple tracé. Dans ce dernier système, en effet, on peut indiquer par des pointillés, ou même par des lacunes, les points douteux ou inconnus, superposer diverses époques en enchevêtrant, le moins confusément qu'il est possible, les tracés des lignes qui se sont succédé dans un même lieu[1]. Le plan cavalier doit, au contraire, accuser tout, suppléer à ce qui fait défaut et ressusciter enfin la ville ou le lieu, à un moment donné. C'est un parti à prendre et à faire accepter; c'est le seul qui puisse aider à l'intelligence des auteurs anciens, et rendre raison de particularités souvent incompréhensibles à la simple lecture.

Conditions nécessaires à l'établissement d'un plan cavalier.

Il est facile de concevoir, quand on sait comment les choses se pratiquaient au moyen âge, qu'à diverses époques le tracé simple d'un plan pourra être absolument semblable, et que, cependant, l'aspect des édifices et des maisons aura pu changer. On avait coutume alors, par économie ou par nécessité, de conserver, autant que faire se pouvait, les substructions des édifices sur l'emplacement ou sur les ruines desquels on bâtissait à nouveau. A cela il y avait deux raisons : la première, qui touchait à la propriété, c'est qu'on ne changeait évidemment rien à l'état des lieux, et qu'on évitait ainsi toute contestation avec ses voisins ou avec

---

des façades réparées ou transformées, on retrouvait intactes les distributions, les descentes de caves, les *allées*, dont il est si souvent question dans les récits des époques dont nous nous occupons. A Rouen, on a fait disparaître tout un quartier central, d'un intérêt historique et topographique vraiment curieux, à cause de la nature des constructions; quoiqu'elles fussent sans valeur architectonique, c'étaient de vrais modèles de l'architecture des maisons d'un usage courant. On trouve bien encore quelques maisons ayant un intérêt artistique; mais un pareil assemblage de pans de bois, formant des habitations destinées exclusivement à la classe ouvrière ou pauvre, c'est une chose bien rare et qu'il faudra maintenant chercher au loin.

[1] C'est le parti auquel s'est arrêté M. A. Berty dans les plans de restitution qu'il a dressés pour la *Topographie historique du Vieux Paris;* c'est celui que nous suivrons nous-même dans la continuation de cet ouvrage. Nous regardons comme indispensable à l'intelligence des textes cette superposition d'édifices et de lotissements; mais l'établissement d'une série de plans d'époques précises, avec tracé simple, devient ensuite absolument indispensable; autrement, ceux qui ont l'habitude de parcourir et d'étudier les documents des archives ou les historiens du moyen âge, comprendront facilement dans quelle confusion l'obscurité et la divergence des dénominations pour un même lieu jetteraient le lecteur qui n'aurait pas sous les yeux un plan figuratif.

le seigneur; la seconde, qui était relative à la dépense, c'est qu'on utilisait ainsi les fondements et souvent même les rez-de-chaussée des bâtiments détruits ou transformés. Ce travail de transformation, pour ainsi dire *verticale*, se fait remarquer partout au moyen âge; il est la conséquence naturelle et inévitable de l'état de la société, des rapports féodaux de suzerain à vassal et de vassal à tenancier. Les causes du fait que nous venons d'indiquer, déjà signalées dans la *Topographie historique du Vieux Paris*, seront développées à chaque volume nouveau de cet ouvrage; ici nous nous bornons à justifier la méthode que nous avons dû suivre et les résultats auxquels elle nous a conduit.

On voit, par ce qui précède, que, à deux époques distinctes, deux plans en simple tracé seront identiques, parce qu'ils ne donneront que les rues et les contours des bâtiments demeurés les mêmes, tandis que deux plans cavaliers, tout en conservant aussi ce même tracé sur le sol, offriront des différences marquées, soit sous le rapport des hauteurs nécessitées par le nombre des étages, soit au point de vue des formes motivées par les transformations, si fréquentes alors, dans les détails d'architecture, tels que clochers, portails, flèches, cheminées, etc. Les changements d'alignement de certaines rues principales, les percements d'autres rues moins importantes, créées soit pour dégager des enclaves autrefois englobées dans une grande propriété, soit pour permettre au propriétaire de tirer produit d'un terrain devenu exploitable par l'accroissement de la population, toutes ces causes modifient en même temps et le tracé et l'aspect d'un quartier. Aujourd'hui encore, dans les faubourgs de Paris, notamment dans ceux de Saint-Martin, du Temple, de Saint-Antoine, qui étaient, il y a peu de temps, composés d'immenses propriétés, bâties seulement le long des chemins et des rues, avec des jardins ou des cultures au centre, on rencontre des cours, des passages, en d'autres termes des *servitudes*, qui sont devenues ou deviendront peu à peu des rues, ainsi qu'on l'a vu dans la Chaussée-d'Antin et les quartiers qui l'avoisinent.

Appréciation définitive du plan cavalier.

Tout ce qui précède démontre clairement les avantages du plan cavalier et la facilité toute particulière qu'il présente pour étudier les transformations successives d'une ville ou d'une région. Cette vérité, nous le répétons, a été reconnue au siècle dernier, et des tentatives sérieuses ont été faites pour amener le plan cavalier à un degré satisfaisant d'exactitude géométrique. Si elles n'ont pas abouti, c'est que la main qui dessinait ou gravait n'était pas celle qui écrivait; et puis aussi, il faut le dire, l'esprit positif et analytique du temps présent, qu'on pousse peut-être à l'extrême, était moins exigeant au temps des Le Beuf et des Jaillot. Aujourd'hui, pour mettre sérieusement à exécution cette pensée persistante d'une image de Paris à différentes époques, il faut tout d'abord assurer l'exactitude des relevés de la topographie en simple tracé, et se hâter de fixer l'image du vieux Paris; car si, jusqu'à la fin du siècle dernier, on ne procédait que par des rectifications d'alignement et de nivellement, qui ne détruisaient pas les témoins ou repères anciens des parcelles bâties ou encloses, aujourd'hui les grands travaux de voirie sont dirigés de telle façon, qu'une surface plane remplacera bientôt les dépressions et les saillies de l'ancien Paris.

Nous nous sommes donc résolu à fixer, le plus exactement possible, la *figure* de Paris à différentes époques, pour lesquelles on peut encore rencontrer des données suffisamment claires et réunir les éléments d'une restitution sérieuse. Nous n'avons pas cru devoir nous arrêter devant certaines objections qui se présentent d'elles-mêmes; il est clair que, si l'on voulait exiger des preuves et des représentations rigoureuses, on n'arriverait à rien de praticable; on laisserait enfouis à jamais les documents curieux et intéressants qui existent et peuvent disparaître d'un jour à l'autre. A l'exemple de nos devanciers, nous croyons que, après avoir étudié l'ensemble des résultats obtenus, en comparant les nombreux renseignements topographiques et architectoniques que nous présenterons, tant dans la *Topographie historique* que dans la série des *Plans cavaliers de Paris*, les hommes studieux reconnaîtront l'utilité d'un pareil travail. Sans doute l'exécution, réputée impossible jusqu'ici, offrait de grandes difficultés; mais aussi elle s'appuyait sur des bases solides : le sol, d'abord, tel que les fouilles l'ont montré, puis les textes, qui paraissent parfois contradictoires, à force de naïveté et de sincérité, mais qui s'éclaircissent ou s'éclairciront plus tard, à l'aide des plans et des figures dont ils sont accompagnés. Sur la foi d'écrivains prévenus ou mal renseignés, bien des erreurs ont eu cours et sont reproduites avec persistance, lesquelles n'auraient pu se faire jour, si les études topographiques avaient été conduites avec l'ensemble qu'on peut leur donner aujourd'hui. Nous espérons pouvoir ainsi rétablir la vérité, en la fondant sur des preuves ou des indices solides et inattaquables.

Il y a dans la vie des peuples, et conséquemment dans celle des villes qu'ils habitent, certaines époques de transformation nettes, bien tranchées, et certaines phases de transition moins brusques et plus indécises. Ces révolutions topographiques coïncident généralement avec une transformation politique ou sociale; les

<small>Choix des époques; considérations qui les motivent.</small>

premières sont généralement heurtées, parce que, le plus souvent, c'est la violence qui les opère; les autres, insensibles pour les observateurs superficiels, passent ordinairement inaperçues, parce qu'elles sont la conséquence des mouvements imperceptibles qui conduisent, plus ou moins vite, les sociétés de la jeunesse à la virilité, puis à la vieillesse et enfin à la décrépitude. Le topographe investigateur retrouvera les traces de ces transformations du corps social dans les dispositions diverses et successives que les besoins sociaux amènent forcément pour les habitations, la police et les arts, besoins qui se manifestent par la forme et la destination des édifices. Les moyens de défense ou d'attaque, les fortifications sous toutes leurs formes, sont des causes impérieuses qui bouleversent les lois de la propriété et renversent ce qui fait obstacle à la sûreté publique, sans se préoccuper du préjudice causé aux intérêts particuliers. On peut comprendre, après cet exposé, combien il faudrait de plans différents pour préciser ainsi les transformations de certains quartiers.

Époques successives. Obligé de nous restreindre, pour rester dans les limites du vrai ou du vraisemblable, nous allons indiquer les époques qui nous paraissent assez distinctes, assez caractérisées, pour motiver l'étude et l'exécution d'un plan cavalier.

1° *Paris à l'époque de l'avénement des Capétiens*, ou, pour parler plus exactement, sous le règne du roi Robert (996-1031).

Ce monarque était bâtisseur, comme l'avait été Dagobert, et comme le furent Charles V et Louis XIV; cela se conçoit, quand on se reporte aux événements qui ont précédé ce règne, et aux ruines nombreuses que tant de guerres intestines durent causer. Sauf les biens des monastères, un peu plus respectés que les autres, les partis ennemis dévastaient tout; il fallait donc rebâtir dès que le calme renaissait. L'époque de Robert comprend nécessairement les enceintes antérieures à celle de Philippe-Auguste, et donne encore des vestiges du Paris des Carlovingiens.

2° *Paris à l'époque de Philippe-Auguste* (1180-1223).

Le moment choisi est celui où se termine l'enceinte que le Roi ordonna de construire avant sa croisade, et qu'il acheva à son retour. De toutes les clôtures qui entourèrent Paris, c'est peut-être celle dont on a retrouvé le plus de vestiges certains. En effet, elle fut, au bout de peu de temps, enserrée dans des constructions particulières, tellement qu'on avait beaucoup de peine à en maintenir libres la contrescarpe extérieure et le chemin de ronde intérieur. Avec le système de construction de cette époque, les tours et les courtines se trouvaient recouvertes de bâtiments de diverses sortes; les murailles ne furent dérasées qu'autant qu'il le fallait pour passer par-dessus, et ce n'est que très-tard que l'on en vint à démolir les parties de portes embarrassant le passage de certaines rues devenues centrales. Aujourd'hui encore on retrouve des portions notables de cette enceinte. Cette époque a évidemment une grande importance pour la topographie de Paris; c'est celle dont on peut le mieux comprendre la restitution, avec les éléments positifs que l'on possède. C'est aussi une de celles qui seront le plus intéressantes à traiter, au double point de vue de la topographie et de l'histoire. A ce moment, en effet, les Croisades obligent les seigneurs à faire argent de tout, de leurs terres et de leurs droits. Il résulte de ce fait de très-importantes modifications dans la configuration nouvelle des propriétés urbaines, aussi bien que dans la transmission ou l'aliénation de ces mêmes propriétés. Les révolutions politiques et topographiques des xive et xve siècles en sont la conséquence.

3° *Paris à l'époque de Charles V,* c'est-à-dire après l'achèvement de l'enceinte qui porte le nom de ce prince (1380).

Cette époque est celle qui fait l'objet du présent plan; elle précède les désastreuses années du règne de Charles VI. A partir de ce moment, les transformations vont se succéder avec plus de rapidité, à mesure que les libertés communales se développeront et permettront aux riches bourgeois, aux marchands, de faire montre de leurs épargnes, dans des demeures splendides qui exciteront l'enthousiasme naïf des chroniqueurs contemporains. C'est donc, comme pour la précédente époque de Philippe-Auguste, à la date de l'achèvement de la nouvelle enceinte et du château du Louvre, en 1380, que nous devons placer l'époque choisie pour le plan cavalier que nous présentons aujourd'hui au public.

4° *Paris en 1500,* c'est-à-dire sous le règne de Louis XII et à l'aurore de la Renaissance.

C'est à ce moment que les transformations monumentales, tant civiles que religieuses, s'accusent le plus nettement. On pourrait s'étonner que des dépenses considérables de construction aient eu lieu pendant et après les malheurs du règne de Charles VI; cependant il faut considérer que, durant ce xve siècle si agité, la plupart des colléges se construisent, avec les chapelles qui en dépendent. Une quantité incroyable d'hôtels, de maisons de riches bourgeois, de couvents, s'achèvent aussi, s'agrandissent ou s'embellissent. Des cloîtres, couverts de sculptures et d'ornements d'architecture, s'appliquent aux parois intérieures des édifices; on refait ou l'on termine les portails, les porches, les clochers. C'est donc véritablement à cette époque qu'il faut placer un plan cavalier, arrêtant en quelque sorte au passage et fixant la physionomie du moyen âge à Paris, avant que la Renaissance apparaisse avec son cortége d'architectes, imbus d'idées italiennes puisées dans l'étude des grandes œuvres de l'antiquité romaine qui couvraient encore l'Italie. François Ier et Henri II vont substituer des palais aux forteresses et aux manoirs élégants bâtis par leurs prédécesseurs; il faut de l'air et de l'espace pour la foule des courtisans, grands seigneurs qui ont abandonné leurs châteaux, afin de faire cortége au souverain.

5° *Paris au XVIe siècle.*

Les plans cavaliers contemporains commencent à paraître, d'abord informes et grossiers, puis plus exacts et plus séduisants avec Du Cerceau et Mérian (1610). Nous ne répéterons pas ce que nous avons dit dans les premières lignes de cette notice : les auteurs de ces plans *à vol d'oiseau* n'ont jamais eu la prétention de faire un tracé exact, et l'on s'en aperçoit facilement en passant en revue des rues entières, bordées de maisons à pignons, de même figure et de mêmes dimensions, maisons que nous avons pu voir et que, dans certains quartiers, nous voyons encore. Pour ces époques plus modernes, nous nous bornerons à rectifier le tracé et à placer, suivant le parcellaire des censiers contemporains, les édifices et les habitations, ainsi que les indiqueront les plans restitués de la *Topographie historique du Vieux Paris*. Nous pourrons aussi, le cas échéant, lorsque des documents précis nous fourniront des renseignements capables de nous guider, donner, à une échelle plus grande et avec des détails plus appréciables, l'aspect d'un quartier ou d'un îlot de Paris.

<small>Paris en 1380; raisons de commencer par cette date.</small>

On s'est déterminé à commencer la publication de cette série de plans cavaliers par celui de 1380, qui, entre autres avantages, aidera à faire comprendre les historiens originaux auxquels nous devons les premières descriptions de Paris[1]. Ces précieux écrits, complétés par les rôles de la taille et surtout par les censiers, plans, registres et recueils d'ordonnances, fournissent en abondance des rensei-

---

[1] Voir le volume intitulé *Paris et ses Historiens aux XIVe et XVe siècles*, par MM. Le Roux de Lincy et L.-M. Tisserand, 1867.

gnements sur la topographie parisienne au xive siècle. Commencer par cette époque, c'est s'établir sur un terrain solide, pour éliminer ensuite tout ce que des documents plus anciens nous prouveront n'avoir point existé. C'est aussi le moment où les dénominations des rues, des quartiers et des régions commencent à prendre une certaine fixité, par les mentions fréquentes qui sont faites de localités, évidemment les mêmes, mais reprises dans divers écrits, actes ou récits, sous des noms différents. Cette diversité constitue un écueil pour le topographe, qui ne peut fixer sur un plan l'idée suggérée par les textes écrits. Un croquis, rapporté sur un plan exact du lieu, îlot, quartier ou région, en apprend plus que toutes les dissertations écrites; car, ainsi que nous l'avons dit, les vieux quartiers de Paris n'ont pas sensiblement changé de forme, pour tout ce qui regarde le réseau des rues et même les limites des parcelles bâties. Grâce au respect que l'on avait pour la propriété noble ou roturière, on peut, dans les actes civils ou administratifs qui ont consacré les transactions, retrouver la situation et établir l'identité d'un lieu ou d'un bâtiment. L'œuvre est difficile, mais réalisable; les restitutions de M. A. Berty n'ont pas d'autre fondement.

Aux xive et xve siècles, on peut préciser la situation et la dénomination très-variable des rues; nouveau motif de commencer à cette date la série des plans cavaliers. Sans doute les rues ne portaient point alors de plaques indicatives, et des séries de numéros n'aidaient point le passant à trouver une maison dans le dédale des rues de la vieille cité. Pour se guider, on ne pouvait que nommer la rue par l'endroit où elle conduisait : ainsi en était-il des rues Saint-Denis, Saint-Martin, du Temple, Montmartre, etc. Une telle désignation suffisait, parce que tout le monde voyait clairement les localités ou les édifices dont il s'agissait. La même rue se partageait souvent en tronçons plus courts; on disait la rue de la Porte-Paris (ou de l'Apport-Paris), la rue Saint-Lazare, etc. pour désigner certaines parties de la rue Saint-Denis; la rue Planche-Mibray, la rue des Arcis, pour certaines parties de la rue Saint-Martin; la rue Barre-du-Bec, Sainte-Avoye, etc. pour la rue du Temple. Sur la rive gauche, les rues Saint-Jacques et de la Harpe avaient autant d'appellations que de tronçons coupés par les rues transversales.

Les petites rues n'eurent d'abord pas de nom; c'est à l'époque où nous nous plaçons que l'on commença à leur appliquer le nom de leurs habitants, ou des métiers qu'on y exerçait. Auparavant, on ne pouvait le faire, attendu que les riches bourgeois évitaient la notoriété, et que la plupart des îlots étaient formés par un grand hôtel, flanqué de murailles élevées, ou de petites maisons collées aux jardins de cette riche demeure. Pour les maisons de marchands, les enseignes furent d'abord sculptées et en alignement, parce que l'industrie et le commerce, encore restreints, n'avaient pas besoin d'attirer le regard; ensuite elles avancèrent sur la rue, en forme de potences, et devinrent si grandes qu'il fallut réglementer leur taille, leur hauteur au-dessus du sol et leur saillie; dans certaines rues, elles obstruaient littéralement le passage et le jour. On voit encore, sur les livres de cette époque, et jusqu'au milieu du xvIII° siècle, les adresses des libraires longuement exprimées, et désignant, pour point de repère, soit une enseigne connue, soit un édifice remarquable.

1380, époque parfaitement caractérisée.

Il faut saisir un moment précis et bien arrêté, si l'on veut pouvoir justifier la représentation, dans un plan cavalier, de telles ou telles parties, de tels ou tels édifices dont l'existence se date par des documents chronologiques. Ainsi, comme nous l'avons dit plus haut, l'achèvement de l'enceinte de Philippe-Auguste (1211) est une de ces époques; la construction de l'enceinte de Charles V (1380) en indique une autre. Au moment où se termine la clôture du xIII° siècle, on peut apercevoir les parties non encore bâties qu'enveloppait l'enceinte, parties plus tard couvertes de maisons, et en outre les terrains laissés hors des murailles. Là s'élèvent bientôt, surtout dans le voisinage des portes, des constructions destinées à des auberges ou hôtelleries, ainsi qu'à des dépôts de marchandises, ou bien encore des bourgs, dans lesquels se réfugient ceux qui veulent se soustraire aux charges assez nombreuses qu'entraîne la résidence à l'intérieur d'une ville[1].

Pareillement, à l'époque où l'enceinte de Charles V vient d'être terminée, plusieurs palais se bâtissent et différents quartiers s'achèvent. Le pont Notre-Dame n'est point encore reconstruit, et le passage du grand bras de la rivière s'effectue

---

[1] Les charges de Ville, à l'époque dont nous nous occupons, étaient plus lourdes que dans les temps antérieurs. On avait d'abord les droits seigneuriaux, comme partout, la taille et ses annexes, les droits que les denrées alimentaires payaient aux Halles, et qui se partageaient entre le roi et l'évêque, le service militaire, indépendamment du guet (sorte de service de police fait par les bourgeois, à tour de rôle et par quartier), pour lequel il fallait payer, si l'on ne se présentait point aux jours fixés. A cela s'ajoutaient les charges imposées par la commune, charges qui augmentèrent à mesure que les Corporations et la Municipalité devinrent plus puissantes. C'était le citadin qui payait les fortifications, de son argent ou de ses bras; souvent il contribuait pour payer une rançon de roi ou de général, par exemple celle de Duguesclin. Toutes ces charges, sauf les redevances et le guet, n'étaient que passagères; mais plus on embellissait la Ville, plus les bourgeois s'imposaient, ce qui obligeait les petites gens à se loger dans les faubourgs, où ils pouvaient vivre à meilleur marché et exercer librement leur industrie. C'est à cette circonstance que les monastères *extra-muros* durent l'accroissement constant, à partir du xIV° siècle, des bourgs qui les entouraient, et qui se peuplaient d'artisans fuyant les priviléges des corporations urbaines.

toujours par une passerelle en bois, qui se nomme la *Planche de Mibray*, et qui aboutit au tronçon de la grande rue Saint-Martin, auquel elle a donné son nom jusque dans ces derniers temps; le palais des Tournelles n'est que l'hôtel ou le logis d'Orgemont [1], etc. C'est aussi vers ce temps que se déroule la vie brillante de l'Université, que les colléges s'établissent, et que les rues avoisinantes se remplissent de maisons ou d'hôtelleries, pour recevoir les étudiants [2]. Tandis que quelques vieux hôtels demeurent encore, avec leur caractère particulier, comme d'irrécusables témoins du passé [3], on voit, dans la Cité et dans la Ville, les grands îlots se partager en petites maisons de produit.

[1] Au commencement du xv° siècle, on relevait le pont Notre-Dame, celui-là même qui s'écroula en 1499; le palais des Tournelles commençait à se former de plusieurs propriétés contiguës. Les palais du roi étaient : d'abord le Louvre, qu'il venait de rebâtir ou plutôt de restaurer et d'agrandir; ensuite l'hôtel Saint-Paul, placé entre la rue Saint-Antoine et la Seine, en dehors de l'enceinte de Philippe-Auguste, et mêlé aux terrains de la Grange Saint-Éloy. C'est pour cela que ce quartier se peuplait d'hôtels, qui appartenaient aux seigneurs laïques et ecclésiastiques suivant la Cour. Au reste, il ne faudrait pas croire que l'hôtel Saint-Paul eût la figure des hôtels ou des palais que nous voyons depuis le xvii° siècle. Il était difficile alors d'acheter, à cause des remplois auxquels la loi féodale obligeait les possesseurs; le roi lui-même ne pouvait se soustraire à l'exécution de cette loi. L'hôtel Saint-Paul se composait donc de plusieurs maisons, accolées au corps de logis principal, et accompagnées ou entourées de grands jardins, lesquels étaient ornés de treilles posées sur des berceaux en charpente ou en menuiserie, suivant le goût du temps. On y voyait, en outre, des bassins alimentés par des puits, des arbres fruitiers et des parterres émaillés de couleurs obtenues par la disposition variée des herbes et des plantes, art qui fut alors poussé assez loin. Les jardins des seigneurs de Portugal étaient encore cultivés et ornés de la même façon, il y a une quarantaine d'années; on y taillait les arbres verts de telle manière qu'ils n'avaient plus l'aspect de ceux de leur espèce : telle était la science des jardins aux xiv° et xv° siècles.

[2] L'Espagne, qui est restée stationnaire, a conservé ses *casas de huespedes* ou *de púpilos*, qui n'étaient et ne sont point des hôtels garnis, et qui représentent exactement les anciennes maisons d'étudiants à Paris. Nous ne parlons ici que des étudiants libres allant aux écoles; les *boursiers* logeaient et étaient entretenus dans les colléges *de fondation*. Mais, comme pour obtenir des bourses ils devaient subir des examens, il fallait bien qu'ils suivissent des cours avant de se présenter pour les bourses; de là les hôtelleries de tout prix et de toute nature, qui, avec les librairies et les colléges, composaient le quartier des Écoles.

[3] La plupart des colléges, qui couvraient le versant septentrional de la montagne Sainte-Geneviève, ont été placés dans d'anciens hôtels, notamment les îlots de la Sorbonne, d'Harcourt et du mont Saint-Hilaire. Il est probable que les fondateurs logèrent d'abord les écoliers dans les communs, et que ce fut seulement plus tard que l'on commença à reconstruire et à approprier les bâtiments de ces hôtels à leur nouvelle destination. Le collège de Navarre fut bâti cependant dès le moment de sa fondation, et celui de Beauvais, fondé dans la rue du Clos-Bruneau (depuis rue Saint-Jean-de-Beauvais) par le cardinal de Dormans, fut immédiatement approprié, par le fondateur et ses exécuteurs testamentaires, à côté du collège de Presles. On construisit, vers 1678, la chapelle élégante qui existe encore, avec son *revestiaire* ou trésor, et l'on y ajouta les grands bâtiments qui donnaient sur la rue Saint-Hilaire (aujourd'hui rue des Carmes). On y engloba plus tard une maison *des Carneaux* (des créneaux), qui en était voisine, dans la partie supérieure de la rue Saint-Hilaire. Mais ces colléges étaient fondés par une princesse et par un ministre, et tous n'étaient pas construits avec ce luxe et cette grandeur. En effet, le collège de Beauvais fut construit sous la direction de maître Raymond du Temple, architecte juré du roi Charles V et de Notre-Dame.

Ce morcellement se comprend : au moment où il se fit, le revenu immobilier était tout, qu'il se présentât sous forme de loyer ou de cens; le marchand et l'artisan étaient «en louaige» ou en censive. La bourgeoisie toutefois s'empressa d'acquérir, dès que les propriétaires terriers commencèrent à aliéner pour payer leur luxe. Les croisades avaient provoqué ce mouvement; les guerres civiles et la résidence dans les villes le précipitèrent. On comprend que, un siècle après, la Ville ait pris un autre aspect : des quartiers nouveaux avaient recouvert les *cultures* et les marais; l'ancienne enceinte était envahie par les maisons voisines [1], et se trouvait même démolie en certains endroits. Les colléges qui, en 1380, occupaient simplement les hôtels ou les maisons qui leur avaient été donnés, et se distinguaient à peine des autres îlots, devenaient des édifices à part, plus réguliers, munis chacun de sa chapelle plus ou moins monumentale [2]. L'aspect change donc, abstraction faite du style architectural des édifices, que notre échelle, nécessairement réduite, ne permettrait pas d'apprécier.

Coup d'œil général sur le Paris du moyen âge (996-1514). On a dit que l'architecture et les arts d'un peuple écrivent son histoire vraie, et expliquent ou justifient certaines parties obscures de la vie publique; cette vérité tend à devenir de moins en moins contestable. Quelle que soit la direction imprimée aux études des architectes ou des artistes, ils seront toujours forcés de construire et de décorer les maisons selon les nécessités du temps. L'écrivain peut dissimuler, mentir même; l'architecte, et parfois le peintre, le sculpteur, ne le peuvent guère, parce qu'il leur faut le concours de trop de volontés et l'emploi d'un trop grand nombre de moyens pour agir en toute liberté. Plus on entrera, sans système préconçu, dans les détails de la période du moyen âge (période qu'on peut

---

[1] De ce fait que les murs et les tours de l'enceinte de 1211 furent promptement envahis par les propriétés voisines, il ne faut pas inférer que la jouissance impliquait la propriété; nullement. L'Échevinage, ou plutôt le *Bureau de la Ville*, louait ces places et en percevait soigneusement les revenus, aussi bien sur la rive gauche que sur la rive droite. Il affermait même les places vagues, qui avaient servi de dégagement aux portes ou aux tours, ou qui provenaient de délaissements. On voit que ces coutumes et ces droits tacites de la Ville se sont perpétués et conservés, presque avec les mêmes formalités.

[2] Pour se rendre bien compte de l'aspect du quartier de l'Université, rempli d'écoles, de colléges et d'églises, il ne faut pas oublier que, à cette époque, tout clerc était ou devenait prêtre, et qu'il est tout simple que les fondateurs, aussi bien que les professeurs, aient tout d'abord pensé aux besoins spirituels des écoliers. La plupart des clercs et des dignitaires de l'Université sortaient du peuple, et s'ennoblissaient par la tonsure et la robe de docteur. Il n'est donc point étonnant que, se voyant libres de parler et d'écrire, de prêcher et d'enseigner surtout, ils aient parfois dépassé le but de leur institution, et soient devenus, eux clercs et soumis à l'Église, les premiers promoteurs des modifications d'opinions et de croyances qui, dans l'ordre matériel, amenèrent les transformations des édifices et des cités.

appeler de la propriété à outrance, et du respect souvent exagéré de cette propriété), plus on comprendra l'existence prolongée d'une telle société. Un côté de l'histoire nous la présente comme livrée à une agitation perpétuelle; mais les bases mêmes de l'édifice, tel que le moyen âge l'avait constitué, c'est-à-dire la perpétuité de la possession dans l'ordre matériel, n'étaient nullement ébranlées. Rien ne rend le fait plus sensible, que la persistance avec laquelle le vieux Paris s'est conservé jusqu'à notre temps. Sans doute des transformations notables s'y sont opérées avant l'époque moderne; mais ce travail se faisait par périodes; on appropriait avant de démolir et de rebâtir.

Paris commence par un noyau de palais et d'hôtels fortifiés, entourés de murailles élevées, sans ouvertures extérieures, mais ayant au dedans des jardins, des bosquets et des galeries bien aérées. Il n'y a de maisons de marchands, ou d'artisans, que ce qu'il faut pour le service de ces palais et de ces hôtels, et elles appartiennent aux seigneurs. Chaque maison est occupée par le maître et ses ouvriers et apprentis, ou par le ménage et sa famille. Plus tard, les seigneurs bâtissent dans leurs clos ou se resserrent dans le centre de leur propriété, partageant et divisant en habitations les parties qui bordent les voies publiques; plus tard encore, ils divisent leurs hôtels du centre, parce que la valeur locative augmente, et ils vont habiter dans les faubourgs ou autour du palais des rois. A mesure que la population grossit, les libertés des bourgeois deviennent plus grandes, ou plutôt s'accroissent par la force même des choses; les nobles s'écartent du centre où s'agitent le peuple et le commerce, et cherchent non-seulement la tranquillité, mais encore la sécurité dans les quartiers excentriques : phénomène topographique que nous espérons bien démontrer et expliquer, en continuant la *Topographie historique du Vieux Paris*, et qui se reproduira toujours, parce qu'il est la conséquence de l'état de la société civile, et qu'il doit en suivre les lois. C'est surtout au moyen âge qu'on peut l'étudier dans Paris, théâtre de tant de révolutions de toute nature.
<small>Mode de peuplement.</small>

En même temps que les hôtels se divisent, des clos entiers deviennent des espèces de ruches : l'école est au milieu avec ses colléges et ses boursiers, et tout à l'entour les hôtelleries remplies d'étudiants libres. Ainsi en est-il du quartier de la rive gauche ou de l'Université. Sur la rive droite, pas de colléges; on voit des maisons à boutiques, des ateliers dans les cours et le long des passages, quelques
<small>Vue d'ensemble.</small>

artères où passent les chevaux et les voitures ; les îlots forment, entre ces rues principales, une sorte de réseau de ruelles étroites, bordées d'échoppes en bois ou en plâtras. Autour des Halles, de ce grand marché de Paris, où un plan en simple tracé dessinerait des rues, le plan cavalier ne relèvera d'abord que des boutiques ou ateliers, et plus tard que des maisons légères, n'occupant pas plus de place que celle sur laquelle était posée l'échoppe primitive du marchand ou de l'artisan. C'est là que se massent, dans un ordre prescrit, tous les corps de métiers et de marchands : Lingerie, Friperie, Tonnellerie, Heaumerie, Saunerie, Poissonnerie, et jusqu'à la grande et la petite Truanderie.

<small>Influence topographique des associations parisiennes.</small>

On conçoit que, dans l'ordre imposé à toutes ces associations et corporations, l'autorité trouvât une garantie de surveillance et surtout de perception. A cette époque, les frais de perception sont presque nuls, parce qu'ils sont affermés et que la fraude est difficile, à cause de la disposition des lieux où la vente s'exerce. Ce sont là des raisons déterminantes de l'état topographique de plusieurs quartiers de Paris. Dans ce qu'on appelait les Champeaux et, à côté, la Vallée de Misère, on trouve cette physionomie particulière, conservée par le quartier des Halles et des Lombards. Ailleurs, ce sont les communautés religieuses, avec leur ceinture de maisons de produit, dont les dispositions se sont maintenues jusqu'à nos jours. Certaines rues et certains quartiers, outre le quartier tout spécial des Halles, sont consacrés à certaines professions.

<small>La Seine et les quais.</small>

Le lit de la Seine lui-même change d'aspect, soit à cause des érosions des eaux, soit par suite de la construction des ponts, des quais ou des têtes de ponts. Au temps de Philippe-Auguste, par exemple, outre les îles que notre plan accuse, il y avait encore, dans la traversée de Paris, plusieurs îlots dont les historiens ou les topographes font mention spéciale, notamment celui qui était placé devant la tour de Nesle. La Cité surtout, qui avait ses berges couvertes par les parties postérieures des maisons, ne possédait que quelques petits ports, et l'on voit, par l'examen des substructions qui ont jadis bordé la rivière, que la configuration de l'île a dû changer plusieurs fois. Toute la rive droite, du For-l'Évêque à la tour Barbeau, est une grève de débarquement, sauf entre le Châtelet et la Planche-Mibray, où la berge a presque toujours été protégée par un quai. C'était, en effet, là qu'avait existé cette sorte de tête de pont qui servait d'ouvrage avancé à la Ville de Paris. C'était aussi sur cette étendue de terrain que *la Marchandise* avait surtout établi ses ports, ses entrepôts et ses magasins. Tous ces petits îlots, de forme carrée, qui bordaient notamment le quai des Ormes, en arrière de la rue de la Mortellerie (aujourd'hui de l'Hôtel-de-Ville), étaient, à cette époque, autant de chantiers, de magasins, d'entrepôts, appartenant, en propriété ou en location, à diverses sociétés de marchands ou de constructeurs.

C'est au moyen âge qu'il faut chercher l'origine de ces associations où l'intérêt est proportionnel à la mise : le banquier c'était le *Lombard;* le prêteur c'était le Juif. Si nous étudions topographiquement les situations respectives des habitations où s'établissent ces industries, nous voyons les Lombards à proximité des Grandes-Halles et de la Porte-Paris, tandis que les Juifs ont toujours habité le Beau-Bourg, le Bourg-Thiboust (rue Bourtibourg) et la vieille rue du Temple.

<small>Le commerce.</small>

En ce qui concerne la physionomie des rues et des maisons, nous devons faire une observation générale. Les constructions antérieures au xvᵉ siècle ont toujours eu peu d'ornements à l'extérieur. Sans aucun doute, les maisons d'artisans étaient, comme celles qu'on voit encore dans les vieux quartiers, composées de moellons et de plâtre, sur un soubassement en pierre de taille relié par un poitrail; la boutique se fermait par un châssis, à coulisses horizontales ou verticales, avec un auvent se repliant par en haut. A Paris, où les appuis sont en pierre, on rabat rarement le bas du contrevent, comme on le fait dans les villes à maisons en bois. Les baies sont percées à nu dans le mur, sans chambranle ni moulure [1]. C'est encore la méthode usitée aujourd'hui, dans une certaine catégorie de maisons à bon marché. Ce n'est que plus tard, quand l'artisan ou le marchand est devenu le vrai propriétaire, qu'il orne sa façade et ses appartements. Il faut ajouter que

<small>Rues et maisons.</small>

---

[1] Pour ne pas sortir de Paris, on peut voir des exemples de ce que nous disons dans la rue des Sept-Voies, presque au carrefour Saint-Hilaire; dans les rues du Four-Saint-Jacques et d'Écosse; dans la rue Saint-André-des-Arts, un peu après la place; dans la rue du Poirier, près de la rue Maubuée; dans la rue Frépillon (aujourd'hui rue Volta), où se trouve une maison dont le pan de bois, reposant sur un poitrail reliant des piliers carrés en pierre, est composé d'une carcasse de charpente, formée de poteaux, sablières, décharges et colombages apparents, sans aucun ornement, remplis entre deux par des moellons et briques hourdés et enduits en plâtre, à fleur du parement du bois. Cette maison nous paraît un excellent spécimen des maisons de cette époque. On en trouve d'une autre disposition, parce qu'elles avaient une autre destination, dans la rue Neuve-Saint-Médard, à l'entrée de la petite place sur laquelle débouche la rue Copeau (aujourd'hui Lacépède); deux maisons contiguës sont habitées et exploitées par un fabricant de tuiles et poteries. Dans la rue Quincampoix, on rencontre un hôtel, ou plutôt une auberge, à l'enseigne de *Saint-Michel,* qui a conservé, au centre de Paris, les distributions et les halles nues qu'on voyait encore il y a une douzaine d'années.

la sécurité des rues a contribué beaucoup à faire ouvrir et décorer les façades. Les cheminées donnent aussi un aspect tout particulier aux diverses époques. Ainsi, avant le xve siècle, les maisons, ne contenant pour la plupart qu'une seule famille, n'ont généralement qu'un ou deux corps de cheminées. Le maître reçoit la famille autour de son foyer, et l'on se couche de bonne heure, souvent sans lumière. La maçonnerie de ces cheminées est faite en briques, monte de fond, et à plomb, du sol du rez-de-chaussée au-dessus du comble, traversant les planchers sans s'appuyer sur autre chose que le mur de pignon ou le mur goutterot, et se trouve percée d'un conduit vertical droit, dans lequel le ramoneur peut travailler à l'aise. Plus tard, on perfectionne le mobilier; on *vitre* les fenêtres [1]; on veille; on multiplie les corps de cheminées. Les hôtes sont plus nombreux, et les cheminées montent au premier étage, pour chauffer et assainir, avec les salles du rez-de-chaussée, les chambres qui seront occupées désormais simultanément. Enfin arrive le moment où chacun veut être chez soi, où l'on se parque dans un étage, puis dans un coin du logis, et les corps de cheminées se rangent, comme des créneaux, aux pignons et aux refends principaux des maisons. Ces divers aspects, on le voit, traduisent à peu près exactement, pour le dehors, les coutumes et les usages du dedans; ils servent donc à expliquer, pour l'homme de nos jours, bien des faits que nos habitudes actuelles sembleraient rendre improbables, sinon tout à fait impossibles.

Habitations particulières. Détails intérieurs.

Quelques observations sont nécessaires sur les fosses d'aisances des maisons particulières, car il en existait à cette époque. On voit, dans les cours ou sur les façades des jardins, des cages d'escaliers en saillie, souvent accompagnées d'autres petites cages plus étroites. Ces dernières sont des *retraits*, ou latrines, dont la fosse se trouve dans le sol situé au-dessous. Elles étaient construites presque comme celles d'aujourd'hui; seulement, on ne voit pas, au moins dans les maisons particulières, qu'elles aient jamais été dallées d'une manière imperméable. Au collége de Beauvais, il est fait mention de l'établissement d'une fosse de ce genre. La vidange devait s'en faire assez rarement, les matières liquides se trouvant absorbées par le

---

[1] A cette époque, et même beaucoup plus tard, les baies des croisées étaient divisées par des meneaux de pierre ou de bois, avec une feuillure intérieure disposée pour recevoir, soit un dormant sur lequel battait un contrevent à barres ou à panneaux, soit des gonds à scellements, portant ce même contrevent fermé par un verrou. Dans les maisons plus riches, c'était un châssis à bâtis garnis d'un vitrail en plomb, à petits carreaux de verre grossier, affectant des formes diverses et faisant réseau. Les artisans, qui avaient besoin d'un jour continuel, et qui voulaient s'abriter contre les intempéries, collaient simplement des toiles claires ou du papier huilé. En Espagne, dans les petites villes, les baies de croisées ont encore les volets pleins pour unique fermeture.

sol et disparaissant par les infiltrations souterraines; les matières solides se desséchaient peu à peu, sans dégager beaucoup d'odeur, et devaient servir à l'engrais des jardins. Plus tard, l'emploi des fosses se généralisant, des inconvénients durent se produire et amener la réglementation qui intervint.

Un mot encore sur la disposition générale des habitations parisiennes au moyen âge. Il est à remarquer que les jardins sont disposés de manière à ne pas donner de vue sur les maisons voisines. Quand les habitations sont petites et adossées aux murs d'un hôtel ou d'un couvent, chacune possède son escalier, sa galerie sur la cour, sa petite cour, avec un puits souvent commun et placé sous le mur mitoyen des cours, de manière à pouvoir servir aux deux locataires; il est toujours fermé de deux portes ou contrevents, indépendants l'un de l'autre. Dans les hôtels, c'est la même chose sur une plus grande échelle : chacun chez soi. On n'aurait pas compris alors ces cours communes, ces nombreuses ouvertures de toutes formes, par lesquelles les habitants des étages supérieurs peuvent plonger dans les appartements des étages inférieurs. Ce détail explique les mœurs, parce qu'il répond à un besoin impérieux. C'est encore une de ces particularités qu'accuse le plan cavalier, et que le plan ichnographique est impuissant à présenter aux yeux des personnes peu accoutumées à interpréter un plan en simple tracé. Ici encore c'est la propriété élevée à sa plus haute puissance; c'est la liberté et le secret du foyer domestique protégés par tous les moyens matériels.

<small>Détails extérieurs.</small>

Pour ce qui regarde les édifices publics, on ne voit ni casernes ni vastes prisons; on ne distingue que l'Hôtel-Dieu et des hôpitaux-monastères. Il n'y a point d'armée permanente; les soldats se logent chez leurs chefs ou chez les vassaux; la garde a des postes. Chaque seigneur a ses geôles et ses prisons, et personne, à cette époque, ne pense à une prison publique; il y a le tribunal du seigneur et celui du roi, et à côté les cachots et les chambres de torture; tout cela est réuni dans l'hôtel ou le palais, dont l'aspect général offre ces divers caractères. Sur une éminence, en un carrefour, dans l'enceinte ou hors de l'enceinte de la Ville, on voit se dresser le gibet, la potence, le pilori de chaque *justice*. A chaque place ou carrefour un peu dégagé, s'élève une croix en pierre ou en bois. Presque à tous les coins de rues, une statue de *Notre-Dame* ou d'un saint, patron du quartier, est placée dans une niche devant laquelle, pendant la nuit, brûle une lampe, ou plus tard une *chandelle*. Ce fut là le premier éclairage des villes du moyen âge, et, quand

<small>Grands édifices; particularités de la voie publique.</small>

la piété des fidèles diminua, il fallut songer à remplacer les lanternes particulières, qui ne coûtaient rien à la Ville, par des lanternes publiques, qui créèrent un impôt.

Toitures.

Un des aspects de Paris, que nous ne pouvons faire sentir dans le dessin, parce que l'échelle en est trop petite, c'est celui que devait donner, aux maisons et aux édifices, la couleur des grands toits qui les recouvraient. Nous ferons remarquer que, si la tuile dominait, cependant on voyait, à cette époque, un grand nombre de toitures en ardoises. Il paraît que l'arrivage de ce genre de matériaux devint, avec le temps, moins difficile, et nous en trouvons la preuve dans ce fait, que, à partir de la seconde moitié du xive siècle, et pendant tout le xve et le xvie, l'usage des ardoises devint beaucoup plus fréquent : on construisit alors une multitude de tourelles, de très-petit diamètre, que l'ardoise permettait de couvrir solidement.

Nous inclinons à croire que la plupart des grosses et moyennes tours rondes étaient couvertes en tuiles et demi-tuiles, pour donner moins de prise au vent [1]. La légèreté et la sveltesse de cette foule de tourelles, collées aux hôtels à partir du xive siècle, seraient donc dues à la possibilité de couvrir en ardoises les combles en poivrière qui les surmontaient. Au Louvre, par exemple, les anciennes ailes, construites par Philippe-Auguste et ses successeurs, étaient couvertes en tuiles; les tourelles d'escalier avaient une toiture en ardoises. L'aile septentrionale, ajoutée par Charles V et bâtie par Raymond du Temple, était couverte en ardoises. Plusieurs hôtels et colléges, notamment celui de Beauvais, construit par le même Raymond du Temple, avaient également ce mode de couverture [2]. On arriva, un demi-siècle plus tard, à recouvrir les pans de bois eux-mêmes avec ces matériaux. Il y avait, aux xiiie et xive siècles, de nombreuses tuileries dans les faubourgs et les environs de Paris; leur importance diminua à mesure que les arrivages d'ardoises devinrent plus abondants. Dans les faubourgs et autour des Halles, bien

---

[1] Les grosses tours de l'évêché de Beauvais, coiffées de combles pointus, circulaires en façade et aplatis par derrière, étaient encore, vers 1840, couvertes en tuiles. On a, depuis, remplacé la tuile, qui cédait aux grands coups de vent, par de l'ardoise, qui est un peu plus solide; mais la différence d'épaisseur de la couverture a changé les proportions de l'ensemble et donné de la maigreur au comble. Nous avons vu, sur une vieille tapisserie de la cathédrale, ces tours teintées en bleu, ce qui indiquerait de l'ardoise; mais ces tapisseries sont du xvie siècle, époque où l'ardoise était fort em-

ployée. L'inspection du comble semble bien accuser la couverture en tuiles.

[2] Les comptes du collége de Beauvais, dont les registres sont déposés aux Archives de l'Empire, constatent l'emploi de l'ardoise pour la chapelle et pour le corps de bâtiment principal. Aujourd'hui, cependant, la couverture est en tuiles; mais on peut remarquer que les bordures d'égouts semblent, par leur inclinaison trop droite, réclamer l'ardoise primitive qui a moins d'épaisseur. C'est l'effet contraire à celui des tours de l'évêché de Beauvais.

des échoppes et bien des maisons d'artisans étaient couvertes en planches ou voliges, soit en chêne, soit en bois tendre. La couverture en pierre, ou les terrasses en dallage, fort usitées dans les xie et xiie siècles, sous l'influence des formes massives de l'architecture romane, furent réservées, à l'époque de Charles V et plus tard, aux tours et aux vis des palais et des hôtels. La Grande-Vis du Louvre était dallée en terrasse, et, peut-être aussi, une partie des autres tours du château.

Ce qui appelle aussi l'attention, dans un plan cavalier de cette époque, c'est la quantité de moulins qui existaient sur le territoire de Paris. La Seine et la Bièvre faisaient tourner un grand nombre de moulins à eau, bâtis sur les ponts ou sur des bateaux destinés à cet usage et amarrés en pleine rivière. Tout autour des enceintes, et sur tous les points culminants, naturels ou artificiels, qui avoisinent les faubourgs, et qu'à Paris on a toujours appelés *buttes*, on aperçoit une multitude de moulins à vent, notamment à la butte Montmartre. Tous ces moulins servaient à l'approvisionnement de Paris, souci continuel des comtes, des rois et des échevins. Il existe une ordonnance qui prescrit l'établissement d'un certain nombre de nouveaux moulins, dans le courant du xvie siècle [1]. Moulins.

On s'est souvent étonné de l'absence de pavage dans Paris à une certaine époque; et cependant il y a encore bien des villes populeuses, réputées belles et civilisées, qui sont peu ou point pavées, et qui ne l'ont jamais été davantage. Valence et d'autres villes d'Espagne sont dans ce cas [2]. Paris, à l'époque dont nous parlons, était entouré de marais cultivés, exactement comme la plaine de Saint-Denis. Il n'était sans doute pas plus nécessaire d'y affermer l'enlèvement des boues qu'à Valence, où les maraîchers enlèvent toutes les nuits les immondices, et où ils vont même chercher dans les maisons les détritus de toute sorte dont ils font Pavage.

---

[1] Nous avons indiqué sur ce plan tous les moulins dont l'existence nous a été démontrée. Cependant nous ferons une simple observation, relative au *nombre* des moulins reproduits sur les plans cavaliers que nous ont laissés les auteurs des xvie et xviie siècles. Il est supposable que la présence de ces moulins, particulièrement à Montmartre et en dehors de la porte Saint-Honoré, n'indiquait simplement que l'existence de ces moulins, sans prétendre en déterminer exactement le nombre. Selon toute probabilité, le dessinateur topographe procède exactement de la même manière que quand il place, dans un îlot, un nombre arbitraire de maisons, ou, dans les cultures des faubourgs, un bâtiment qui représente une ferme entière.

[2] On sait que le premier pavage ordonné par Philippe-Auguste ne comprenait que la *croisée*, c'est-à-dire les deux voies qui, en se croisant au delà du Grand-Pont, comme au delà du Petit-Pont, formaient, sur les deux rives, les quatre rues principales de la Ville. Une charte de 1285, citée par Le Roy (*Dissertation sur l'origine de l'Hôtel de Ville*, pièces justificatives, p. civ), règle le pavage de quatre chemins principaux : *Quatuor chemini principales.*

un excellent engrais. A Paris, comme dans toutes les villes du même temps, les voies publiques se divisaient en rues principales destinées aux charrettes, en *voiries* et routes pour les approches, en rues ordinaires pour les cavaliers et les piétons, avec des dalles le long des maisons (les *aceras* d'Espagne), et enfin en ruelles pour les piétons seuls. Il y avait, en outre, des allées, ou des percées, pour le dégagement des îlots, ou pour l'exercice d'une servitude créée au profit des enclaves, dans les anciens enclos. Dans toutes ces rues et ruelles, on remarquait, appuyées aux soubassements des maisons, deux rangées de bornes de grès, presque toutes d'un mètre soixante centimètres environ de longueur, et dont le pied, fiché dans le sol, chassait les roues qui pouvaient menacer la muraille ou les contrevents de la maison, à la distance d'un pied et demi, longueur habituelle des moyeux de roues de charrettes, antérieurement au xixe siècle [1].

Viabilité.

La largeur des rues était, du reste, calculée pour le passage de deux de ces charrettes. Quand il existait un étranglement, causé par le respect du droit d'un propriétaire, qui avait avancé sa maison à fin de terrain et qui, sans empiéter sur la voie publique, avait obstrué le passage par l'exercice rigoureux de ce droit, on y remédiait par une sorte de gare d'évitement. Ce n'était pas seulement les charrettes qui pouvaient causer des embarras dans les rues de grand passage; il y avait encore les cavalcades des maraîchers, montés sur la croupe de leurs mulets, ânes ou chevaux. Ces animaux étaient chargés d'un bât, auquel étaient accrochées deux énormes corbeilles d'osier, remplies de légumes ou de fruits, et occupaient autant de place qu'une charrette, avec bien plus d'indépendance et de rapidité dans l'allure. Il n'est pas un Parisien de quarante ans qui ne se rappelle avoir vu arriver, et surtout s'en retourner au trot, ces escadrons de maraîchers s'emparant du pourtour du marché des Innocents. Dans les ruelles, sur lesquelles ouvraient des portes très-évasées, pour dégager l'entrée, il ne passait que des piétons et ces

---

[1] On rencontrait encore, il n'y a pas bien longtemps, dans la Picardie et la Normandie, ces charrettes à longs moyeux pointus, de l'extrémité desquels sortait encore le bout de la fusée de l'essieu, muni d'une grosse clavette faisant fonction d'écrou. Ces roues avaient un mouvement continuel de va-et-vient sur la fusée, et consommaient beaucoup de graisse. On introduisait celle-ci par un trou de tarière, percé dans la gorge du moyeu, et on le fermait avec un bouchon de paille. Telles étaient les voitures qui alors sillonnaient les rues principales de Paris. Ces essieux mesuraient environ neuf pieds (un peu moins de trois mètres); c'est pourquoi les voies de passage, comme les rues Saint-Jacques, de la Harpe, Saint-Denis, Saint-Martin, Saint-Honoré, portaient dix-huit pieds de largeur réglée, pour permettre à deux de ces charrettes de se croiser; et, en outre, de loin en loin, on ménageait un *placeau*, ou élargissement, pour faciliter l'évitement des charrettes.

haquets à bras que nous voyons encore et qui ont toujours été employés dans Paris[1].

Ainsi, dans la seconde moitié du xive siècle, quelques artères, des rues étroites, mais de grands massifs, excepté au centre, et notamment autour des Halles et dans la Vallée de Misère; dans ces massifs, des jardins ou de grandes cours plantées d'arbres et remplies d'air et de lumière; tel était l'aspect général de Paris au xive siècle. Le faubourg Saint-Germain, de création relativement récente, offrait il y a quelque temps, et offre encore, dans quelques parties, des exemples de ce que nous décrivons. On vient de démolir, de la rue Lacépède (ancienne rue Copeau) à l'église Saint-Médard, tout un quartier où les masures bordaient des intérieurs vastes, pleins de fraîcheur et de verdure. *Aspect à vol d'oiseau.*

Pour entrer à présent dans la description et l'explication plus spéciale du plan qui nous occupe, nous ferons remarquer que, à l'époque de Charles V, et plus particulièrement au moment précis où s'acheva l'enceinte que ce roi avait entreprise, et dans laquelle il fit entrer la Bastille, les faubourgs qu'il y renferma avaient déjà pris une certaine extension, après avoir beaucoup souffert de l'état d'anarchie d'où Paris et la France venaient de sortir. *Faubourgs et environs immédiats.*

Sur la rive gauche, l'enceinte demeura ce qu'elle était sous Philippe-Auguste; mais, sur la rive droite, des bourgs fort importants s'étaient formés, et, aussi bien pour protéger ces habitations nouvelles contre les insultes d'un ennemi qu'il pressentait, et qui se déchaîna contre Paris dans le siècle suivant, que pour mieux assurer la rentrée de ses revenus, le roi éleva la muraille qui porte son nom et qui embrasse dans ses limites le Temple et Saint-Martin-des-Champs. Il laissa au dehors, comme une défense, cette ceinture de marais qui commençait à Saint-Antoine et venait finir à Chaillot, après avoir reçu et utilisé toutes les eaux qui descendaient des versants de Belleville et de Mesnilmontant. C'est au delà de cette dépression bien marquée que s'élèvent les couvents de Saint-Laurent et de Saint-Lazare, avec leurs immenses *cultures*, et que, plus loin, se découvre le monastère de Montmartre. On voit, à travers ce marais, passer en remblai les *Rive droite.*

---

[1] On voit encore une porte de ce genre dans la rue du Gindre, au droit de la partie très-étroite comprise entre la rue Mézières et la rue Carpentier. Il y en avait d'autres dans la rue Quincampoix. Les ruelles dont nous parlons se voient encore rue de Venise, rue du Poirier, etc.

voies de Saint-Denis et de Saint-Martin, dont les chaussées sont maçonnées d'une manière très-apparente. Le long de ces grandes voies sont placées des auberges et des hôtelleries pour les voyageurs et les marchands forains. Il y a peu d'années encore, avant l'établissement des gares de chemins de fer, qui pénètrent aujourd'hui dans la zone intérieure de la Ville, on voyait se prolonger ces voies bordées de murs de construction rurale, de guinguettes et de quelques grandes constructions à usage d'auberges et d'entrepôts, laissant derrière elles de grands espaces cultivés; puis, à mesure qu'on se rapprochait du mur d'octroi, on voyait des terrains occupés par des magasins ou des dépôts de bois de chauffage et de construction, de fourrage et de toute espèce d'approvisionnements. Il en était absolument de même, à l'époque de Charles V et de Charles VI, pour les parties avoisinant l'enceinte, et qui seraient comprises aujourd'hui dans ce qu'on appelle les grands faubourgs, au delà des boulevards intérieurs.

Cours d'eau de la rive droite.

On remarque, dans cette partie septentrionale des faubourgs de Paris, un cours d'eau se divisant en rigoles d'arrosement pour les jardins et les marais : c'est le grand égout qui recevait, en même temps que les déjections des quartiers du Temple, Saint-Martin, etc. les eaux des sources des collines qui bordent et encadrent Paris au nord-est. Cet égout, qui fut d'abord une cause de fertilité, devint, par suite du peuplement excessif des quartiers qu'il desservait, un foyer d'infection; il fut donc couvert et dévoyé; mais la nappe d'eau de source a continué et continue toujours de couler au-dessous; elle alimente tous les puits des habitations situées sur son parcours [1].

Sur la rive droite, nous ferons remarquer, à titre d'observation générale, que les constructions couvrant cette plaine, en partie marécageuse, présentent un aspect relativement moderne, comparées à celles de la rive gauche. C'est que, en effet, elles ont pris la forme d'habitations urbaines, bien longtemps après le peuplement de la Cité et de la montagne Sainte-Geneviève, transformées plusieurs fois, et déjà vieilles. Les agrandissements de Paris se sont dirigés toujours vers le nord, côté consacré exclusivement, on peut le dire, au commerce et à l'industrie.

Rive gauche.

Sur la rive gauche, les accroissements sont moins importants. Après Philippe-

[1] On l'a retrouvée tout dernièrement, et fort abondante, dans les terrains du Passage-Sandrié, sur l'emplacement du nouvel Opéra. De grands travaux et de grandes dépenses ont été nécessaires pour étancher cette source à l'endroit des fondations de l'édifice. On vient de la rencontrer aussi dans la rue Louis-le-Grand, où l'épuisement a été plus difficile.

Auguste, les successeurs de ce prince ne font qu'entretenir et maintenir son enceinte. Les dépendances de Saint-Victor demeurent stationnaires; le faubourg Saint-Marcel est rempli de maisons de plaisance, bâties sur les bords, alors riants, de la Bièvre; il n'a point encore été consacré à l'industrie de la mégisserie et des vieux chiffons. Sur la hauteur, le faubourg Saint-Jacques est plutôt diminué qu'agrandi; il se compose seulement d'une double rangée de maisons de rouliers et de marchands de vin, ou de guinguettes, à côté et derrière lesquelles s'étendent les bâtiments et les terres de Saint-Jacques-du-Haut-Pas, des Chartreux, de Notre-Dame-des-Champs; au delà sont des carrières. Puis, de la Seine aux Chartreux, s'étend le bourg Saint-Germain-des-Prés, qui grandit constamment depuis la construction de l'enceinte de Philippe-Auguste, grâce à certaines immunités et privilèges dont les moines faisaient jouir les artisans et les marchands. Cet agrandissement aurait été peut-être plus considérable, si les excès des étudiants de l'Université n'avaient écarté les artisans adonnés aux métiers de luxe, qui redoutaient le pillage et les vols. Le long du fleuve et jusqu'à la moderne rue du Bac, s'étendait le Pré-aux-Clercs, qui poussait même une pointe jusqu'à l'emplacement du Palais-Bourbon, en suivant la direction de la rue de l'Université. Cet espace, et surtout le petit Pré-aux-Clercs, tout voisin de l'Abbaye, était bordé de guinguettes et de maisons suspectes. C'est bien plus tard que l'on commença à bâtir des rues sur ces terrains; on n'y voyait d'abord que des chemins bordés de longs murs de clôture entourant des jardins, des champs, des vignes, dans lesquels s'élevaient quelques maisons de cultivateurs ou logis de plaisance. De ce côté, il y avait beaucoup moins de culture maraîchère que sur la rive droite, parce que la nature du terrain ne s'y prêtait pas.

L'échelle très-réduite de notre plan [1] ne permet d'apprécier que l'effet d'ensemble; mais il pourra se rencontrer une occasion de publier une portion de quartier dans une dimension plus développée, avec des détails absolument indispensables à la complète intelligence du plan parcellaire dressé avec tant de soins et d'exactitude par feu M. A. Berty. Nous nous sommes servi avec fruit de cet

Échelle et détails de ce plan.

---

[1] Nous avons choisi l'échelle de 11 millimètres pour 100 mètres, afin de pouvoir réunir, dans le cadre que nous imposait le format du livre, toutes les parties importantes du vieux Paris, et y comprendre, en outre, les lieux intéressants des environs immédiats, qui sont aujourd'hui renfermés dans l'enceinte des fortifications. Cette dimension nous a paru suffisante pour satisfaire raisonnablement aux exigences du programme que nous nous étions tracé, sans nous exposer à perdre des détails nécessaires ou à détailler hypothétiquement des parties peu connues.

excellent travail, et nous avons, en outre, consulté, au point de vue purement géométrique, le grand et admirable travail de Verniquet. Mais nous avons dû, suivant les indications fournies par les vieux plans ou les descriptions, les règlements de voirie et les désignations des terriers ou des aveux, donner parfois, et dans des endroits déterminés, une direction différente ou quelques infléchissements, nécessaires pour mettre d'accord les textes et les anciens tracés. Tous les anciens plans ont été consultés par nous, ainsi que les nombreuses pièces indiquant les dates des percements et des grandes constructions [1]; enfin notre connaissance des vieux quartiers de Paris, encore existants en 1834, et nos souvenirs, remontant à 1826, nous ont permis de reconstituer, de mémoire, certains aspects particuliers aujourd'hui disparus.

Toutefois, la forme adoptée pour rendre l'image des monuments qui s'y trouvent ne doit point être considérée comme une copie, ou *fac-simile*, de tel ou tel dessin d'un des anciens plans qui nous restent. Il suffit de comparer la représentation de l'un des édifices encore existants, pour se convaincre que les anciens artistes en ont souvent altéré profondément les formes et quelquefois l'aspect. Lorsque la destruction était complète, nous avons dû reconstituer les apparences anciennes à l'aide de renseignements de diverse nature et d'origine variée [2]. Quant au chiffre des

---

[1] Il est nécessaire de se rappeler constamment, en consultant ce plan cavalier, qu'il donne l'aspect de Paris au XIV° siècle, et non au milieu du XVI°, date des plans de ce genre, que l'on est habitué à voir. Une multitude de façades de maisons ont été refaites; des édifices ont été terminés bien après 1380, et nous devons les tracer d'une tout autre façon que si nous voulions nous rapprocher des plans ordinaires, qui datent du XVI° siècle. C'est pour cela que le premier coup d'œil jeté sur notre plan semble dérouter les recherches; et, en effet, il en doit être ainsi, car il représente Paris tel qu'il était, deux siècles avant le temps où furent faites les vues à vol d'oiseau de Braun, Sébastien Munster et Mérian.

[2] Nous avions d'abord eu l'idée de donner, à chaque point discutable, c'est-à-dire paraissant différer sensiblement de ce qu'on est accoutumé à voir sur les plans contemporains, des notes pour renvoyer le lecteur aux sources où nous avons puisé. Mais nous nous sommes aperçu immédiatement que ces renvois justificatifs auraient rempli un volume. Nous nous bornerons donc à indiquer, dans cette note, les principaux ouvrages ou documents qui ont servi à l'établissement du tracé, ainsi qu'à la restitution des monuments et des maisons ou hôtels, nous réservant, dans la *Légende* qui accompagne cette notice, de placer certains renseignements spéciaux aux endroits qui réclameront ces éclaircissements. Nous avons consulté tous les documents graphiques ou descriptifs que M. Berty lui-même avait compulsés, et nous en avons tiré d'utiles renseignements pour les XV° et XVI° siècles. Les restes des monuments ou des maisons elles-mêmes, qui existent encore, au moins dans l'étage inférieur, nous ont permis de rectifier et de compléter ces renseignements. Il en est ainsi pour le Louvre, pour Sainte-Geneviève et St-Germain-des-Prés, pour les portes ainsi que pour les tours et courtines des enceintes.

Parmi les documents les plus précieux, il faut citer, en première ligne, les plans terriers, les censiers, les procès-verbaux nombreux qui se trouvent aux Archives de l'Empire, les ordonnances du XVII° siècle relatives aux enceintes et aux maisons qui en étaient voisines, puis les anciens plans, quoique informes, qui ont précédé ceux de Du Cerceau, de Quesnel et de Gomboust, et qui permettent de reconstituer, par élimination, certains quartiers. Viennent

maisons, il ne faudrait pas le supputer en comptant, par exemple, sur les portions du plan restitué de M. Berty, ou même sur les plans parcellaires de De Lagrive ou de Verniquet, encore moins sur les plans du xvie siècle, le nombre des parcelles bâties qui y sont placées. Notre plan, en effet, représente un état antérieur, d'environ un siècle, à l'époque choisie par M. Berty pour sa division parcellaire, et il est certain que bien des lots de maisons ont été divisés depuis en plusieurs parties. On voit encore aujourd'hui, dans les quartiers Beaubourg, Saint-Martin, dans la rue Galande, des pignons coupés en deux par des divisions de ce genre, qui datent presque toutes des xve et xvie siècles [1]. Nous avons tenu compte aussi des églises, alors inachevées; le lecteur comprendra que nous ne devions pas appliquer à ces édifices une façade construite un siècle après.

Il ne faut pas s'étonner non plus de voir, à l'intérieur des murs, notamment du côté du Temple, de vastes espaces « vuides. » Cet état donne l'explication toute naturelle d'un fait, celui du genre d'administration de certains ordres et de certaines congrégations. Fondés matériellement sur une propriété inaliénable, tellement qu'elle avait pris le nom de « biens de mainmorte, » assis moralement sur une discipline intérieure dont l'intérêt collectif, substitué à l'intérêt personnel, était la base, et dont la principale sanction se trouvait dans l'ordre spirituel plutôt que dans l'ordre temporel, ces riches établissements se gouvernaient et s'administraient avec plus de calme et de prudence que les autres grandes propriétés. Les Croisades n'avaient pas sensiblement entamé leurs revenus, si ce n'est

Considérations particulières suggérées par le plan de 1380.

ensuite les écrivains comme Corrozet, Du Breul, Sauval, De Lamare, Jaillot, etc. qui expliquent les difficultés, ou remplissent les lacunes laissées par les topographes, et surtout par les cueilloirs, censiers, liasses d'aveux ou d'arpentage, qui ne traitent jamais que de l'affaire précise qui les occupait à une époque ou à un moment donné. Nous renvoyons expressément au volume intitulé *Paris et ses Historiens aux xive et xve siècles*, qui nous a été d'un grand secours, et auquel, d'ailleurs, se rapportent la plupart des indications du plan et de la légende. Enfin, si l'on veut obtenir des renseignements tout à fait précis, il faudra recourir à la *Topographie historique du Vieux Paris*, dont les parties successives donnent et donneront, sur chacune des régions du sol parisien, tous les éclaircissements possibles, avec les pièces justificatives, écrites et figurées.

[1] M. Berty, dans ses plans parcellaires de région, dont deux seulement ont paru jusqu'ici et s'appliquent à la Région du Louvre et des Tuileries, a détaillé, par superposition, toutes les constructions élevées sur un point donné; mais il faut opérer le triage, par époques distinctes, de tous ces alignements, de tous ces murs mitoyens qui s'enchevêtrent sur le papier. Ce travail a été fait pour l'établissement du présent plan, à l'époque de 1380; il sera fait aussi, mais en tracé simple, dans la suite de la *Topographie historique du Vieux Paris*. Nous ferons seulement observer au lecteur que la *couche* visible des plans superposés donne surtout le parcellaire du xvie siècle; comme les renseignements abondent, surtout dans la fin du xviie siècle et au commencement du xviiie, il a bien fallu que M. Berty les fît entrer dans les détails de son plan, comme pièces justificatives de son tracé.

par des dons volontaires et pieux. On sait, d'autre part, comment les Ordres militaires parvinrent, en peu de temps, à une prospérité matérielle telle, que les rois et les papes eux-mêmes se crurent obligés de les briser. Il suit de là que les monastères affermaient leurs terres, ou les cédaient, à longs termes, soit à des fermiers, soit à des colons et métayers dont ils étaient sûrs. La règle la plus générale était celle des *baux à vie*, dont les conditions ne changeaient que par la mort du fermier; mais on sait que, bien souvent, ils étaient continués à la veuve ou aux enfants. Il en résultait, pour l'abbaye ou l'établissement, une régularité de revenus qui n'était troublée que par les ravages de la guerre, auxquels échappaient habituellement les biens d'église, ou par des remises qui étaient toujours accordées, soit en temps de disette, soit en temps de mortalité. Il ne faut pas oublier que l'impôt, à cette époque, quelle qu'en fût la cause, et sauf la capitation, ne se percevait qu'en nature, et que le propriétaire ne récoltait que si le fermier avait récolté. Cette méthode, qui présente aujourd'hui de nombreux inconvénients, prévenait alors bien des difficultés, et ne laissait d'aléatoire, dans les revenus, que ce qu'il plaisait à la Providence d'en décider.

C'est, au reste, pour le dire en passant, ce qui, dès la fin du XIVe siècle et durant le cours des siècles suivants, amena la construction des quartiers élevés par les grands monastères pour y recevoir et y loger les ouvriers forains; c'est ce qui explique, sur notre plan, ces îlots de maisons qui avoisinent les monastères, étendant leurs rameaux vers les portes et vers la campagne. Au moment de la construction de l'enceinte de Charles V, époque choisie pour établir ce plan, les changements que cette clôture doit opérer dans les rapports de la Ville, fermée seulement par l'enceinte de Philippe-Auguste, avec les faubourgs coupés par la nouvelle enceinte, n'ont pas encore eu lieu, mais ils ne tarderont pas à se produire; les baux continuent, et, d'ailleurs, ces terrains à l'état de marais, très-productifs en légumes, et à proximité du marché de Paris, n'offraient pas toujours un grand avantage à être bâtis.

Observations de détail. On peut constater ainsi, par cette exactitude spéciale, une foule de points qui trouveraient leur explication dans des considérations historiques étrangères à notre sujet[1]. Nous avons placé, par exemple, la Planche-Mibray au lieu du pont

---

[1] A propos de ce qui vient d'être dit sur les espaces non bâtis et conservés en nature de marais et de jardins potagers, le lecteur remarquera que nous n'avons pas tracé arbitrairement les limites hypothétiques des parcelles principales figurées dans ce plan; elles sont, en général, la représentation de la nature de culture qui dominait au lieu indiqué, telle que bois, champs, escarpe-

Notre-Dame, reconstruit plus tard, en 1414; mais nous rappelons que c'est bien sur cette grande artère de Paris, du midi au septentrion, que s'est élevé d'abord le Grand-Pont, nom attribué plus tard au Pont-au-Change, placé près du Palais et du Châtelet. Cet emplacement est logique et tout à fait d'accord avec les documents historiques : la grande voie était la ligne droite de la rue Saint-Jacques et de la rue Saint-Martin, coupant le centre de la Ville-haute, de la Cité et de la Ville-basse, et circonscrite par un arc de cercle tendu du Grand-Châtelet au Monceau Saint-Gervais et à la Grève; elle ne pouvait donc être la ligne de la rue Saint-Denis, qui, à cette époque, interceptée par l'enclos de Saint-Lazare, venait rejoindre la grande voie derrière l'église Saint-Laurent. Nous pourrions faire quelques remarques du même genre sur les enceintes, dont les vestiges existaient encore à cette époque; mais nous croyons qu'il sera mieux, et plus commode pour la clarté, de rejeter ces quelques observations en note, à mesure que la légende fera mention de ces édifices ou de ces localités.

Nous avons expliqué, au cours de cette Notice, comment les topographes des derniers siècles, Bretez même dans le plan *de Turgot*, avaient tenu à ne pas couvrir le tracé des voies publiques, et en étaient arrivés à exagérer la largeur des rues, à déformer les édifices et surtout les maisons en bordure, pour obtenir ce résultat. Sans tomber dans cette exagération, on doit cependant reconnaître que, pour ne pas nuire à la clarté, il est nécessaire de se résoudre à ménager, en blanc, le parcours bien visible et bien net de toutes les rues et ruelles qu'on veut indiquer. Il importe que le réseau des voies publiques saute, pour ainsi dire, aux yeux du lecteur, et l'on ne peut obtenir cet effet indispensable qu'à la condition de placer les maisons en bordure des rues *horizontales* un peu basses, afin de dégager le sol; les voies *verticales* se dégagent tout naturellement par leur disposition en perspective. On concevra très-facilement, par exemple, que les rues Quincampoix, de l'Homme-Armé, des Cinq-Diamants, Saint-Paul, Hautefeuille, etc. et même les rues Saint-Jacques et de la Harpe, ne peuvent être aperçues jusqu'au sol : elles sont trop étroites. Nous avons essayé de faire sentir le peu de largeur de ces voies, tout en laissant au lecteur la possibilité d'en suivre le tracé.

Il nous a paru préférable de donner à ce plan l'orientation habituelle aux *Orientation.*

ments, plaines, vignes, vergers, plants d'arbres et jardins, fossés et rigoles, avec leurs vannes ou leurs barrages; les haies ou les cours n'ont pas été figurées indifféremment. Cependant, si cette exactitude d'aspect est vraie en général, on comprendra sans peine que nous n'avons pas eu la prétention de fixer les divisions parcellaires avec une rigoureuse exactitude de détail.

plans à vol d'oiseau des xvie et xviie siècles, c'est-à-dire de placer l'orient en haut de la planche et le nord à gauche. Cette disposition nous a paru offrir, à première vue, un avantage fort apprécié des anciens topographes : c'est, d'abord, qu'elle permet de présenter les édifices religieux de face, puisqu'ils sont tous alors *orientés* au levant d'hiver ou d'été, et que cette direction empêche la masse longitudinale de ces monuments d'étouffer les îlots, qui se trouveraient ainsi par derrière; en second lieu, les ombres peuvent être projetées d'une manière plus logique, tout en produisant plus d'effet et en rendant le plan plus intelligible. Avec l'orientation *méridienne*, qui place le nord en haut, on obtient une lumière plate et sans saillies. Nous avons, on le remarquera, choisi l'heure de midi, et nos ombres se portent de droite à gauche, comme il était logique de le faire, le soleil ne pouvant jamais se trouver à gauche du point de vue que nous avons choisi. Il nous a toujours paru peu rationnel de montrer un édifice ou un lieu éclairé comme il ne pourrait jamais l'être naturellement.

<small>Plan ichnographique annexe.</small>

Il nous a semblé inutile de prodiguer les lettres et les chiffres, qui font tache dans un plan de cette nature; mais nous donnons des explications suffisantes sur les îlots voisins. D'ailleurs, à l'aide du plan en simple tracé que nous présentons, et sur lequel sont inscrites les principales désignations, ainsi que les lettres et les chiffres du plan cavalier, il sera facile de se retrouver dans le réseau des rues et des maisons. Aucune confusion, grâce à cette annexe, ne nous semble possible, si le lecteur veut bien y prêter un peu d'attention.

Les considérations qui précèdent suffisent pour faire comprendre l'économie générale du plan que la Sous-Commission des Travaux historiques a bien voulu nous confier, et les idées qui ont présidé à l'exécution de ce travail. La légende explicative dont il est accompagné, et qui a été, comme cette notice, l'objet d'une révision attentive, donne, à chaque article, les éclaircissements jugés nécessaires.

II. — LÉGENDE.

LÉGENDE

DES LIEUX-DITS, ÉDIFICES ET RUES

COMPRIS

DANS LE PLAN CAVALIER DE PARIS EN 1380[1].

I. LA CITÉ. III. LA VILLE.
II. L'UNIVERSITÉ. IV. LES FAUBOURGS.

Nota. Pour éviter la confusion, on a indiqué, en les groupant sous un seul chiffre de renvoi, les localités voisines des rues ou monuments signalés. — On a fait, dans les notes, les observations qui ont paru nécessaires à la clarté du renvoi.

I. LA CITÉ.

1° LIEUX ET ÉDIFICES REMARQUABLES.

A. Notre-Dame, la Cathédrale et son cloître [2]; en avant de la façade, la place du Parvis (voir l'ouvrage intitulé *Paris et ses Historiens aux XIVe et XVe siècles*, p. 152).

B. Saint-Jean-le-Rond, ancien Baptistère de la Cathédrale (*ibid.* p. 157).

C. Saint-Denis-du-Pas, à l'abside de Notre-Dame.

D. Le Palais de l'Évêque et le Port-l'Évêque, occupant tout le terrain compris entre la façade méridionale de la Cathédrale et le petit bras de la Seine, jusqu'à l'alignement des Tours, près de l'Hôtel-Dieu (*ibid.* p. 154 et 161).

E. L'Hôtel-Dieu, avec la ruelle des Sablons (*ibid.* p. 159).

F. Saint-Christophe, église, et sa ruelle (*ibid.* p. 155).

G. Saint-Aignan, église.

H. Saint-Landry, église, et son cimetière (*ibid.* p. 156).

---

[1] On rappelle ici que cette date a été choisie comme étant celle de l'achèvement complet de l'enceinte de Charles V. C'est l'époque immédiatement antérieure à la construction et à la démolition de divers hôtels importants, ainsi qu'à l'établissement de nouveaux quartiers.

[2] Dans les maisons qui bordent le côté septentrional de la Cathédrale, se trouvaient les écoles primitives de Paris, avant l'établissement de celles de la rive gauche. Elles étaient dirigées par des maîtres ecclésiastiques et par les chanoines eux-mêmes. La rue appelée aujourd'hui *rue Chanoinesse* se trouve derrière ces maisons, et son parcours décrit un arc de cercle. Une grille la fermait sur la rue de la Colombe, de sorte que, durant la nuit, toute cette partie de la Cité était close complétement. Ces clôtures étaient d'usage dans presque toutes les rues à destination spéciale.

I. L'Hôtel des Ursins. Sur son emplacement on perça depuis trois rues.

J. Saint-Pierre-aux-Boeufs, église, et la chapelle Sainte-Marine (*Paris et ses Histor.* p. 155).

K. Saint-Denis-de-la-Chartre, église, et la rue de ce nom, avec la chapelle Saint-Symphorien [1] (*ibid.* p. 156).

L. Saint-Germain-le-Vieux, église (*ibid.* p. 157).

M. Saint-Barthélemy, église royale, et, derrière, l'église Saint-Pierre-des-Arsis (*ibid.* p. 155 et 156).

N. Le Palais du Roi : il comprend, avec ses jardins, toute la pointe occidentale de la Cité (*ibid.* p. 158).

O. La Sainte-Chapelle du Palais (*ibid.* p. 159).

P. Le Trésor.

Q. Saint-Michel du Palais (*ibid.* p. 157).

R. Le Moulin de Buci ou à la Gourdaine [2].

S. Le Pont Saint-Michel (*ibid.* p. 161).

T. Le Petit-Pont (*ibid.* p. 160). C'est le premier pont qui ait existé dans Paris.

U. La Planche-Mibray, emplacement de l'ancien Grand-Pont, et, depuis, le Pont Notre-Dame [3] (*ibid.* p. 109, 160 et 219).

V. Le Pont-au-Change, nommé aussi le Grand-Pont (*ibid.* p. 160). On le nommait encore le Pont aux Changeurs.

X. Le Pont-aux-Meuniers. Ce pont tire son nom des moulins à eau qui le couvraient; il était construit en bois.

Y. Le Terrain [4]. C'était un monceau formé, dit-on, depuis la construction de la cathédrale, par l'amas de tous les gravois et déchets qui provinrent des chantiers établis en cet endroit.

Z. Île de Notre-Dame. C'est l'île Saint-Louis, alors partagée en deux par un canal [5] (*ibid.* p. 174).

---

[1] En démolissant les îlots de maisons qui étaient compris entre la rue de la Cité (rue de la Lanterne et de la Juiverie) et la rue d'Arcole (rue qui occupe l'emplacement de Saint-Landry), on a retrouvé la chapelle de Saint-Symphorien dans les caves de l'ancien établissement de *la Belle-Jardinière*, près de la rue de la Cité. Toute cette partie de l'île a été exhaussée d'une manière notable, pour arriver à adoucir les pentes d'accès des ponts; aujourd'hui on baisse considérablement ce niveau.

[2] Ce moulin, comme ceux qui furent établis en Seine pour tourner au cours de l'eau, était construit sur un bateau amarré à des piquets et muni, en amont, d'une espèce d'estacade en entonnoir, qui augmentait la force du courant. Le nom de *Buci*, qu'on écrit aussi *Bussy*, est probablement le même que celui qui a été donné à la porte et au carrefour Buci, situés à l'extrémité occidentale de la rue Saint-André-des-Arts.

[3] La Planche-Mibray était, comme son nom l'indique, une passerelle en *planches* qui établissait la communication entre la Cité et la Ville, en l'absence d'un pont définitif. On n'a pas de représentation figurée de cette passerelle. Nous savons seulement qu'il existait un tronçon des culées de l'ancien pont, du côté de la Ville. Le passage des bateaux, ou l'*arche marinière*, se trouvait sans doute vers ce point, le courant devant creuser davantage et le curage étant fait avec plus de soin, à cause des ports qui y existaient en amont. Cette passerelle fut conservée jusqu'au moment où le pont définitif fut construit, c'est-à-dire jusqu'aux premières années du xv° siècle. Guillebert de Metz ne parle que de ce dernier pont; Raoul de Presles mentionne le nom seulement. (Voir Sauval et la note 2, p. 26.)

[4] Le *Terrain* s'appelait, en 1258, la *Motte aux Papelards* (*Mota Papelardorum*); en 1343 et 1356, le *Terrail* (*domus de Terralio, de Terrali, Terrales*). (Voir Jaillot et les Registres capitulaires.)

[5] L'île Notre-Dame était déserte et assez basse pour que, durant les crues de la Seine, elle fût couverte d'eau dans sa plus grande partie. La chaîne, qui fermait le fleuve chaque nuit, était appuyée sur une tour, construite au bord du canal qui la séparait en deux parties inégales. Ces îles appartenaient à l'église de Notre-Dame. On suppose

LÉGENDE DU PLAN.

a. Île aux Vaches, en amont de la grande île. Elle est maintenant unie à l'île Saint-Louis.
b. Île de Buci, ou du *Pasteur-aux-Vaches* [1].
c. Île du Patriarche, ou *aux Bureaux* [2].

2° RUES.

1. Rue du Marché-Palu, section méridionale de la rue de la *Cité*, à l'époque moderne. (*Paris et ses Histor.* p. 162.)
2. Rue de la Juiverie, section centrale de la même rue (*ibid.* p. 162.)
3. Rue de la Lanterne, section septentrionale de la même rue, et église Sainte-Marie-Magdeleine, au coin de la rue des Marmousets [3] (*ibid.* p. 155 et 163).
4. Rue Neuve-Notre-Dame, et Sainte-Geneviève-la-Petite ou des Ardents, avec le cul-de-sac appelé *le Porche*, et le Collége des Dix-Huit, les ruelles des Coulons et du Parvis [4] (*ibid.* p. 191, 156 et 158).
5. Rue Saint-Christophe, et quatre ruelles [5] (*ibid.* p. 161).
6. Rue des Marmousets et le Fief Cocatrix [6] (*ibid.* p. 162 et 163).
7. Rue de Glatigny (*ibid.* p. 164), l'une des rues abandonnées aux femmes de mauvaise vie; on la nommait *le Val d'Amour* [7].

[1] qu'il existait des ponts en bois, au nord et au midi; mais ce qu'il y a de certain, c'est qu'en 1380 il n'y en avait plus. (Voir Jaillot et Sauval.)

[1] Cette île a porté une foule de noms : au lieu de *Pasteur*, on a écrit aussi *Passeur* aux Vaches. C'est dans l'île de Buci que furent brûlés, le 18 mars 1313, Jacques Molay, grand maître du Temple, et le maître de Normandie. Elle appartenait à l'abbaye de Saint-Germain-des-Prés. (Voir Jaillot, Sauval et De Lamare.)

[2] Cet îlot était voisin du moulin de Buci ou *de la Gourdaine*. C'est seulement au XVII° siècle qu'on l'appela *aux Bureaux*, à cause de Hugues Bureau. De nombreuses discussions ont eu lieu au sujet de ces deux îlots; nous avons indiqué les noms les plus usités. Le nom d'île *du Patriarche* lui vient, sans doute, du patriarche qui possédait l'emplacement du marché de ce nom près de la rue Mouffetard.

[3] L'église *Sainte-Magdeleine*, ou *Marie-Magdeleine*, était, en 1168, la synagogue des Juifs établis dans la rue voisine *de la Juiverie*. Elle aurait été changée en église vers 1183. (Voir Jaillot et Le Beuf.)

[4] Cette rue fut ouverte vers 1164, quand on rebâtit Notre-Dame; on passait auparavant par la rue des Sablons. *Sainte-Geneviève-des-Ardents*, église très-ancienne, se trouvait sur l'emplacement où l'on bâtit, en 1747, l'hospice des Enfants-Trouvés, aujourd'hui dépendance de l'Assistance publique. (Voir Jaillot, Sauval, Corrozet et Le Beuf.) En allant du Parvis à la rue du Marché-Palu, on voyait un cul-de-sac appelé *le Porche*, sans doute parce qu'il donnait accès à la porte de l'église; puis une ruelle dite *des Dix-Huit*, à cause du collége qui s'y trouvait, et qui avait été fondé pour dix-huit boursiers; elle se nommait aussi rue *de Venise*. Venaient ensuite la ruelle *du Coulon* ou *des Coulombs* (*vicus Columbariæ, vicus ad Columbas*), au chevet de Sainte-Geneviève-la-Petite, puis la ruelle *du Parvis*, tout près de la place de ce nom.

[5] La rue *Saint-Christophe* a pris son nom de l'église placée sous ce vocable. Dans les titres de 1218 et 1248, elle est nommée *la Regraterie* (*in Regrateria juxta Judaismum*). Quatre ruelles y aboutissaient : la première, celle *de la Huchette*, est maintenant comprise dans le Parvis. Pour les autres, voir la note relative à Sainte-Geneviève-des-Ardents.

[6] C'est une des rues principales de cette partie de la Cité; elle allait de la rue de la Juiverie à celle de la Colombe, au cloître Notre-Dame. Une porte fermait le cloître à son extrémité orientale (*porta Marmosetorum*). Ce nom est dû à une maison dite *des Marmousets*. (Voir Jaillot et Sauval.) À côté de cette rue, au midi, entre les rues des Marmousets et Saint-Pierre-aux-Bœufs, se trouvait encore, il y a trois ans, une petite rue appelée *Cocatrix*, du nom d'une famille, connue au XIII° siècle, qui possédait un fief comprenant plusieurs propriétés des environs. La rue a porté différents noms, suivant les tronçons qu'elle formait à la rencontre des rues voisines : on l'a appelée rue *des Canettes*, *Cour-Ferron* ou *Férri* (Sauval), au coude qu'elle faisait, et enfin rue *des Deux-Hermites*.

[7] On la trouve indiquée, précisément en 1380,

- 8. Rue Saint-Landry (*Paris et ses Histor.* p. 164).
- 9. Rue de la Colombe (*ibid.* p. 164).
- 10. Le Port Saint-Landry [1] (*ibid.* p. 164).
- 11, 11, 11. Le Cloître Notre-Dame et la rue Chanoinesse ou du Chapitre. Cette rue avait divers noms; elle était fermée d'une porte, sur la rue de la Colombe, à l'endroit où, encore aujourd'hui, arrive la rue des Marmousets, qui forme un petit retour d'équerre, du côté méridional. On l'appelait aussi rue *des Chantres*, au moins dans une de ses parties.
- 12. Rue de la Pelleterie (*ibid.* p. 164), et ruelle du Port-aux-Œufs, avec la Tour Roullant ou Marquefas [2].
- 13. Rue de la Vieille-Draperie et chapelle de Sainte-Croix; rue Saint-Pierre-des-Arsis et de Gervèse-Loharenc (*Gervais-Laurent*) [3] (*ibid.* p. 155 et 163).
- 14. Rue de la Calendre (*ibid.* p. 163), et vers l'*Orberie*, le porche *Pierre-Lapie* et la ruelle *Porte-Bûche* [4].

sous le nom de rue *au chevet de Saint-Denys-de-la-Chartre*. Les appellations varient selon les pièces où on les prend; mais le nom le plus constant est celui de *Glatigny*. Les censiers sont généralement les meilleurs indicateurs.

[1] Le *Port Saint-Landry* est le nom appliqué à une section de la rue Saint-Landry aboutissant à la Seine. Il y avait là un port, ou lieu de décharge, avec un abreuvoir. A une époque plus ancienne, et avant la construction des ports de la rive droite, cet endroit servait de lieu de débarquement pour ce quartier de la Cité. On a donné le nom de *Saint-Landry* à la partie de rue qui s'est appelée rue *d'Enfer*, et qui continuait la rue des Ursins, au xvi° siècle (*via inferior Portus Sancti Landerici*). Les constructions couvrirent plus tard l'emplacement très-exigu de ce port. (Voir Jaillot et Sauval.)

[2] La rue *de la Pelleterie*, affectée, au xii° siècle, au logement des Juifs, s'étendait de la rue Saint-Barthélemy à celle de la Lanterne, en face de Saint-Denis-de-la-Chartre. En 1243, on la nommait *Macra Madiana*, au moins pour une section. Elle passait sur l'emplacement actuel du Palais du Tribunal de Commerce. Quatre ruelles existaient dans cette rue: la première était la rue *du Port-aux-Œufs*, qui, comme le Port Saint-Landry, est l'un des plus anciens de Paris. A l'époque qui nous occupe, il était déjà fort rétréci. En 1259 et 1392, on la nommait *ruelle Jean-Notteau*; en 1398, on trouve le nom de *Garnier-Marcel*. Toutes ces divergences nous confirment dans l'opinion que nous avons émise, dans la Notice qui précède, au sujet des noms de rues. Près de la rivière et sous une grande maison, existait un passage touchant à une tour appelée *Tour Marquefas*, et ensuite *Tour Roullant* (1392). Cette tour faisait partie des anciens murs bordant la Seine. (Voir Jaillot et les censiers de Saint-Éloi.)

[3] La rue *de la Vieille-Draperie* allait de la rue de la Barillerie à celle de la Juiverie; elle suivait la direction de la rue de Constantine, entre le Palais de Justice et la rue de la Cité. Elle est entièrement détruite. Les Juifs y habitaient en 1183, année où Philippe-Auguste les chassa. En 1293, on trouve *la Draperie;* en 1313, *la Viez-Draperie;* en 1300, *la Verrerie.* (Voir Jaillot.) En 1380, la rue située en face du cul-de-sac de Saint-Barthélemy (rue *des Courdouagners*, fermée en 1315) s'appelait, à cet endroit, la *Chaussée du Roi.* En effet, ce pouvait être par cette voie que les rois allaient à leur paroisse. (Jaillot et Sauval; Cart. S. Magloire.)

La rue *Sainte-Croix* (*viculus Sanctæ Crucis*) conduisait à la chapelle de ce nom, qui était très-ancienne et fut érigée en paroisse.

La rue *Saint-Pierre-des-Arsis* (que Jaillot écrit *Arcis*) contournait l'église de ce nom, située derrière Saint-Barthélemy. Elle fut rebâtie en 1424. (Voir Jaillot, Sauval, Le Beuf et de Valois.) Nous écrivons *Arsis*, en suivant l'étymologie de *ars, ardens*.

La rue *Gervèse-Loharenc* (par corruption *Gervais-Laurent*) allait, en faisant un coude, de la rue de la Lanterne à celle de la Vieille-Draperie; elle passait devant Saint-Pierre-des-Arsis. Au xiii° siècle (Cens. S. Genov.), on la nomme *vicus Gervasii Looraudi*, *Loharrens*, et, en 1313, rue *Gervese-Lorens*. Le dernier nom paraît dériver de *Lotharingiæ*: Gervèse ou Gervais-le-Lorrain.

[4] On croit, avec quelque raison, que la rue *de la Calendre* n'a porté ce nom que depuis le milieu du xiii° siècle; elle allait de la rue de la Barillerie à la rue de la Cité, et séparait les tronçons de cette rue, nommés le *Marché-Palu* et la *Juiverie*. Elle

LÉGENDE DU PLAN. 37

15. Rue de la Grande-Orberie ou du *Marché-Neuf*[1] (*Paris et ses Histor.* p. 163).

16. Rue aux Fèves, et Saint-Macias ou Martial, et la ruelle Cour ou Four-Basset [2] (*ibid.* p. 162 et 157).

17. Rue de la Ganterie ou de Saint-Éloy, avec le Prieuré Saint-Éloy [3] (*ibid.* p. 163 et 157).

18. Rue de la Barillerie (*ibid.* p. 163). C'est la rue qui longeait la façade orientale du Palais.

19. Rue de Saint-Barthélemy. C'était le prolongement de la rue de la Barillerie, vers le Pont-au-Change.

20. Rue de l'Abreuvoir. Cette rue allait du cloître à la rivière, où un abreuvoir existait réellement.

s'appelait rue *Saint-Michel*, à cause de la chapelle de ce nom, du côté du Palais, et, du côté de l'orient, rue *de l'Herberie* ou rue *qui va au Marché-Palu* (les mots *Herberie* ou *Orberie* signifiaient marché aux herbes). — Ce qu'on appelait *vers l'Orberie*, c'était ce pâté de maisons percé par une foule de ruelles et de servitudes qui donnaient passage de la rue de la Calendre au quai de la Grande-Orberie, sur le petit bras de la Seine. Il y avait, à côté de la ruelle conduisant à Saint-Germain-le-Vieux, une petite cour qu'on nommait le *Porche Pierre-Lapie*, sans doute parce qu'il y avait eu là une porte couverte, ou un porche. — Quant à la ruelle *Porte-Bûche*, il y a eu au moins deux emplacements auxquels on a donné ce nom : le premier serait un passage allant de la place du Marché-Neuf à la rue de la Calendre, à travers les dépendances de Saint-Germain-le-Vieux, passage dans lequel il existait quelques degrés; le second, mentionné seul par M. Berty, se trouvait dans l'îlot de maisons situé du côté oriental de la rue de la Juiverie, en allant à la rue de la Licorne, des Oublayers ou *Oublieurs* (fabricants de pain à chanter).

[1] Ce quai a toujours été un port ou un marché. Les uns disent *Herberie* ou *Orberie*, et d'autres soutiennent que *Orberie* est une altération de *Lormerie*, à cause des lormiers qui habitaient ce lieu. Ce marché, du reste, a dû succéder au Marché-Palu, auquel il aboutit vers l'est. (Jaillot.)

[2] La rue *aux Fèves*, qui faisait communiquer la rue de la Calendre avec la rue de la Vieille-Draperie, parallèlement à la grande rue de la Cité (tronçon de la Juiverie), se continuait, vers le Marché-Neuf, par le passage latéral à Saint-Germain-le-Vieux, et, de l'autre côté, par la ruelle de Sainte-Croix. On l'appelait encore rue *aux Febvres* (*vicus Fabrorum, prope Sanctum Martialem* [1260]) : ce qui pourrait bien être le vrai nom, puisqu'on sait qu'il y avait dans cette rue beaucoup de forgerons. L'îlot, dont elle formait un côté, vers l'orient, était partagé en deux portions à peu près égales par une ruelle ou passage allant à la rue de la Juiverie, et nommé *Cour* ou *Four-Basset*. Cette ruelle ou cour faisait partie d'une grande maison, dite *du Chastel*, dans laquelle il y avait probablement un four, peut-être le four banal de Saint-Éloy. La partie située au sud de cette ruelle, jusqu'à la rue de la Calendre, était un amas de petites maisons enchevêtrées les unes dans les autres et communiquant par des servitudes. Vis-à-vis de la ruelle, du côté de Saint-Éloy, se trouvait l'église *Saint-Martial* (*Macyal* ou *Macias*), à côté de laquelle existait un petit passage communiquant à Saint-Éloy, ou au porche de ce prieuré, dont Saint-Martial même paraît avoir été un démembrement. On a donné aussi à une partie de ce cul-de-sac, ou petite place, le nom de *Porche Pierre-Lapie*. Ces différences d'attributions de noms viennent du peu de clarté des censiers, dont les rédacteurs ne songeaient pas à être plus explicites, car tout le monde était alors bien au courant de la situation de ces ruelles. Une remarque à faire sur ces passages, qui ont toujours existé dans les vieux quartiers de Paris, et qu'on retrouve encore en usage dans les quartiers du Temple et des Arcis, c'est qu'ils se plaçaient presque toujours bout à bout, et offraient des communications très-faciles aux habitants de ces îlots.

[3] Cette rue portait plusieurs noms; elle traversait en zigzag l'îlot du prieuré de Saint-Éloy, centre de la Cité. Du côté de la rue de la Calendre, on la nommait rue *de la Ganterie*; au premier retour d'équerre, c'était la rue *de l'Étoile*, à cause d'une grande maison placée dans le coin; au chevet de Saint-Éloy, c'était la rue *de la Savaterie* (*Cavateria*); puis enfin, à son débouché dans la rue de la Vieille-Draperie, on l'appelait rue *Saint-Éloy*, parce que, en effet, elle conduisait à cette église. A l'époque du présent plan, ce prieuré était très-riche et très-ancien. La ceinture du monastère était limitée par les rues de la Barillerie, de la Calendre, aux Fèves et de la Vieille-Draperie. (Voir Le Beuf, Jaillot, Sauval et les Cartulaires.)

II. L'UNIVERSITÉ.

1° LIEUX ET ÉDIFICES REMARQUABLES.

A. Sainte-Geneviève, abbaye et église[1] (*Paris et ses Histor.* p. 164).

B. Saint-Étienne-du-Mont, église (*ibid.* p. 165) et, à côté, le Collége de l'Ave-Maria[2] (*ibid.* p. 170).

C. Saint-Séverin, église[3] (*ibid.* p. 165).

D. Saint-Cosme, église[4] (*ibid.* p. 165).

E. Saint-Nicolas-du-Chardonnet, église[5] (*ibid.* p. 165).

F. Saint-Hilaire-du-Mont, église (*ibid.* p. 165); les Colléges du Plessis et de Marmoutiers[6] (*ibid.* p. 173).

G. Saint-Benoît (*ibid.* p. 165), son cloître, son cimetière, et le Collége de Cambrai[7] (*ibid.* p. 172).

---

[1] Cette fameuse abbaye s'étendait, en 1380, des maisons de la rue Bordet (aujourd'hui *Descartes*) à la rue qui, continuant la rue des Sept-Voies, aboutissait à la porte Papale, habituellement murée. Des dépendances allaient jusqu'aux terres et bâtiments des Jacobins de la porte Saint-Jacques. La place, qui se trouve en face de Saint-Étienne et de l'église Sainte-Geneviève, se nommait *le Carré*, et avait été prise sur le vieux cloître de l'abbaye. On peut consulter, à ce sujet, tous les topographes et tous les auteurs qui ont écrit sur Paris.

[2] Cette église était contiguë à Sainte-Geneviève, et les deux édifices n'étaient séparés que par un étroit passage. On a prétendu que Saint-Étienne avait été la cathédrale primitive de Paris. C'est une question que nous aurons à traiter à fond dans la *Topographie historique*, et que nous n'avons point à développer ici.

Le *collège d'Hubant* (*de Hubants*) ou *de l'Ave-Maria* venait d'être, en 1380, fondé dans l'îlot triangulaire compris entre la rue de la Montagne-Sainte-Geneviève, la rue Bordet et celle des Prêtres-Saint-Étienne. Il se composait de quelques maisons réunies. (Censier de Sainte-Geneviève, 1380.)

[3] Cette paroisse, fort ancienne, était très-étendue. L'édifice a été souvent remanié, et on l'a agrandi d'une manière notable après le xv° siècle. Il avait, au midi, un cimetière entouré d'un cloître, qui communiquait, par une ruelle étroite, avec la rue de la Parcheminerie. C'était une allée, comme celle qui donne accès aujourd'hui au nord de l'église. (Voir Jaillot, Le Beuf, Sauval et un opuscule de M. Berty.)

[4] L'église de Saint-Cosme-et-Saint-Damien était placée à l'angle de la rue de la Harpe et des Cordeliers. Elle bordait la rue actuelle de l'École-de-Médecine, à son débouché sur le boulevard Saint-Michel, tout proche de l'amphithéâtre gothique dont on aperçoit encore le chevet dans la rue Racine.

[5] Cette paroisse est ancienne. Il existait une chapelle sur le même emplacement que l'église actuelle; le chevet donnait sur la rivière de Bièvre. (Voir Jaillot, Le Beuf et Sauval). Le *Chardonnet* était un clos immense, dans lequel s'établirent des monastères et des colléges. Avant l'époque de Philippe-Auguste, il s'étendait jusqu'à la place Maubert. (Voir De Lamare.)

[6] Saint-Hilaire est une paroisse ancienne; son chevet était tourné vers le coin de la rue des Sept-Voies, au lieu où s'ouvre encore une porte cochère, à côté d'une ancienne maison sans profondeur. L'église s'étendait jusqu'à la rue d'Écosse. A gauche, il y avait une ruelle étroite et escarpée, ancien sentier principal du clos Bruneau, et qu'on nomma plus tard *Jusseline*. Les maisons qui la bordaient avaient leur entrée sur les autres rues; c'est pourquoi ni Guillot ni les rôles des taxes n'en font aucune mention. (Voir Jaillot et Le Beuf.) — Le *collége du Plessis* (1322-26) se voyait encore, il y a quelques années, à l'angle de la rue Saint-Jacques et le long de la rue Fromentel; en 1380, il avait déjà sa chapelle. A côté, vers la rue *Chartière* (ou *Charretière*, ainsi que porte la pierre gravée à l'angle de la rue), se trouvait le collége de Saint-Martin de *Marmoutiers*, qui se confondit, au xv° siècle, avec celui du Plessis. Il avait d'ailleurs le même fondateur.

[7] Saint-Benoît est une église collégiale d'une antiquité très-reculée; on dit qu'elle s'appelait d'abord Saint-Bacque, et qu'on la mit ensuite sous l'invocation de la Très-Sainte Trinité. (Le mot *Benoît* en vieux français signifiait *bénit*.) Ce ne serait donc point à saint Benoît, le fondateur des Bénédictins,

LÉGENDE DU PLAN. 39

H. Les Bernardins, couvent et collége [1] (*Paris et ses Histor.* p. 167).

I. Les Mathurins, ou Matelins, couvent (*ibid.* p. 167). Ce couvent occupait tout l'espace compris entre la rue des Mathurins, celle du Foin, située au-dessous, les Thermes et la bordure de maisons de la rue Saint-Jacques.

J. Les Jacobins, couvent, et la rue de ce nom [2] (*ibid.* p. 162).

K. Les Cordeliers, couvent, et la rue de ce nom [3] (*ibid.* p. 168).

L. Les Carmes, couvent, et le Collége de Laon [4] (*ibid.* p. 170).

M. Les Augustins, couvent [5] (*ibid.* p. 168).

N. Le Collége du Cardinal Lemoine, ancien Clos du Chardonnet [6] (*ibid.* p. 168).

qu'il faudrait rapporter le vocable de cette église. Elle a été démolie tout récemment, lors du percement de la rue des Écoles. Cette église avait son cloître, avec des portes, des granges, des boutiques et ateliers, etc. Le chevet donnait dans la rue Saint-Jacques, juste en face de la place Cambrai, sur laquelle se voit la façade du collége de Cambrai, aujourd'hui Collége de France, qui couvrait presque tout le terrain compris entre la place, la rue Saint-Jacques et la rue du Cimetière-Saint-Benoît, ou *Fromentel* (Froid-Mantel), point où il touchait les murs du petit cimetière situé en ce lieu.

[1] Ce couvent, de l'ordre de Cîteaux, occupait une grande partie du clos du Chardonnet, entre la rue qui porte son nom et la Bièvre, qui suivait alors le côté septentrional de la rue Saint-Victor. L'église fut bâtie vers 1338. Les religieux recevaient des novices et des étudiants. Comme tous les monastères, ils avaient des maisons de produit et d'immenses jardins. Il reste encore aujourd'hui, derrière Saint-Nicolas-du-Chardonnet et dans la rue de Poissy, une aile entière du grand cloître, qu'on a utilisée pour le casernement des pompiers. Les chantiers de bois, qui vont jusqu'à la rue du Cardinal-Lemoine, en faisaient aussi partie.

[2] Ce couvent occupait, près des murs de l'enceinte méridionale, un grand terrain dans lequel se trouvait l'*hôpital de Saint-Quentin* pour les pèlerins. C'est à cause de cette chapelle de Saint-Jacques que les Dominicains ont été appelés *Jacobins*. Dans leur enclos se trouvait, appuyé à la muraille de Philippe-Auguste, le *Parloir aux Bourgeois*. Le couvent est entièrement détruit; il occupait la rue Soufflot et l'emplacement de la mairie du Panthéon.

[3] Ce magnifique couvent avait son église, occupant tout l'espace compris entre l'alignement de la rue Hautefeuille, sur le côté occidental de la rue (aujourd'hui de l'École-de-Médecine), et l'angle de la Clinique, sur la place de l'École. Le terrain était limité, de ce côté, par l'enceinte de Philippe-Auguste. Les bâtiments, réparés sous Louis XIII et Louis XIV, ont été rasés lors de la Révolution.

[4] Les Carmes vinrent occuper ce couvent, en 1318, et construisirent leur grande chapelle vers 1353. L'acquisition du collége de *Dace* (*Danemark*), englobé plus tard (1386) dans le couvent, n'eut lieu qu'après l'époque choisie pour notre plan. On voit par là que ces établissements s'agrandissaient peu à peu et d'une manière fort irrégulière.

Le couvent s'étendait le long de la rue des Noyers, en retour sur la rue des Carmes, qu'on nommait auparavant rue Saint-Hilaire (Registres du collége de Beauvais); il occupait l'emplacement actuel du marché qui porte son nom.

Le *collége de Laon*, situé entre la rue Saint-Hilaire (*des Carmes*) et la rue Saint-Jean-de-Beauvais, ou *du Clos-Bruneau*, était voisin de celui de Beauvais ou de Dormans, mais plus bas, sur la pente de la montagne; c'est le même que celui *de Presles*. A l'époque précise de notre plan, il se trouvait derrière les Carmes, vers la rue de la Montagne-Sainte-Geneviève, où il avait été transféré, vers 1340, dans l'hôtel du *Lion-d'Or*.

[5] Le couvent *des Augustins* s'étendait, en face des jardins du palais de la Cité, le long du quai et à partir de la rue qui portent son nom, jusqu'à la rue de Nevers. La rue Dauphine a été percée sur les terrains du couvent, et, depuis la Révolution, le marché de la Vallée y a été installé. C'était, à la date de 1380, un des grands monastères de Paris.

[6] Le *collége du Cardinal Lemoine* occupait, dans le clos du Chardonnet et le long de l'enceinte de Philippe-Auguste, un terrain sur lequel on a percé de nos jours la rue de ce nom. Il fut fondé en même temps que tous les autres colléges de cette importance. Il semblait que les dignitaires ecclésiastiques et laïques eussent hâte d'affirmer leur amour des sciences et des humanités, en se disputant l'honneur de couvrir le quartier de l'Université d'une foule de maisons où étaient entretenus et

O. Le Collége des Bons-Enfants (*Paris et ses Histor.* p. 168). Ce collége, ou séminaire, se trouvait près de la porte Saint-Victor et dans la rue de ce nom, en face de la rue de Versailles.

P. Le Collége de Beauvais (*ibid.* p. 168), avec sa chapelle, et le Collége de Presles, son voisin [1] (*ibid.* p. 172).

Q. Le Collége de Reims, ancien hôtel de Bourgogne [2] (*ibid.* p. 168).

R. Le Collége de Sorbonne (*ibid.* p. 168), et sa chapelle; les Colléges de Cluny et des Trésoriers [3] (*ibid.* p. 170).

S. Le Collége de Navarre, ancien hôtel [4] (*ibid.* p. 169).

dirigés de nombreux jeunes gens aspirant à l'enseignement et à la prêtrise. Ces établissements ne parvinrent à leur apogée que dans le cours du xv° siècle.

[1] Le *collége de Beauvais*, fondé par le cardinal de Dormans, évêque de Beauvais, était situé dans l'ancienne rue du Clos-Bruneau, et touchait, vers le midi, au *collége de Presles*, établi là un peu auparavant, avec le collége de Laon, transféré derrière le couvent des Carmes. En 1380, la chapelle venait d'être terminée par l'architecte de Charles V et de Notre-Dame, Raymond du Temple, qui construisait alors le corps de bâtiment du collége, placé derrière le chevet de la chapelle et sur la rue des Carmes, alors rue Saint-Hilaire. Une maison des Carneaux (petit hôtel à créneaux) était contiguë au collége. Le collége *de Presles* se nommait quelquefois collége *de Soissons*, parce que les bourses étaient destinées à des écoliers du diocèse de Soissons. Ce collége se maintint dans le même emplacement, après que le collége *de Laon* se fut séparé de lui. — Le collége de Presles a été démoli, il y a quelques années, lorsqu'on a prolongé la rue des Mathurins-Saint-Jacques jusqu'au marché des Carmes, en emportant les bâtiments du collége et en isolant ceux de Beauvais. — Quant au collége de Beauvais, il est devenu la maison des PP. Dominicains, qui ont reconstruit un corps de bâtiment, en place de celui qui avait été démoli. La chapelle est demeurée en assez bon état, sauf le portail, qui a été gratté au siècle dernier et *orné* de tables saillantes. Le collége ne fut complet, quant aux bâtiments, que dans les premières années du xv° siècle.

[2] Le *collége de Reims* occupait, entre les rues des Sept-Voies, du Four, Chartière et de Reims, un espace moindre que celui de l'hôtel de Bourgogne. Nous indiquons ce collége; mais, en 1380, s'il existait déjà, il n'occupait que certaines parties de l'hôtel qui comprenait tout l'îlot, sauf les maisons de produit en bordure sur la rue des Sept-Voies. Les rues de Reims et Chartière ne se nommaient pas alors ainsi; c'étaient les rues de Bourgogne ou du Duc-de-Bourgogne.

[3] Le *collége de Sorbonne*, nommé depuis *la Sorbonne*, fut fondé au xiii° siècle et achevé de construire en 1260; la *Petite-Sorbonne*, ou *collége de Calvi*, établie à côté, avait une chapelle, qui fut rebâtie en 1347. La ruelle *de Coupe-Gueule* traversait ces terrains et était fermée, à chaque extrémité, par des portes; ce qui avait lieu, du reste, dans le quartier de l'Université, pour un grand nombre de petites rues, surtout dans la région affectée plus spécialement aux colléges. La rue *de Sorbonne* s'appelait rue *des Deux-Portes* (*vicus ad duas Portas*); la ruelle *de Coupe-Gueule* s'étendait entre la rue *des Maçons* et la Sorbonne; la ruelle *Coupe-Gorge* était proprement le chemin de ronde intérieur de l'enceinte fortifiée, derrière les Jacobins.

Le *collége de Cluny* était sur la place de Sorbonne, du côté méridional; il avait une chapelle et un cloître de la fin du xiii° siècle.

Le *collége des Trésoriers*, suivant l'inscription qui était sur la porte, *Collegium Quæstorum quod vulgo Thesaurariorum nuncupatur* (Décret de l'Université), ou du *Trésorier* (1268), était situé dans la rue des Maçons, presque au coin de la place de Sorbonne et non loin du collége de Cluny. Il était destiné aux étudiants du pays de Caux, en Normandie. La rue, qui joignait la rue de la Harpe à la Sorbonne, ne remonte qu'au xvii° siècle; à l'époque de notre plan, la rue des Maçons allait jusqu'à celle des *Porées* ou *Poirées*.

[4] Le *collége de Navarre* occupait tout le centre de l'îlot compris entre la rue de la Montagne-Sainte-Geneviève, l'escarpement de la rue *Traversaine* ou *Traversine*, la rue *d'Arras* et le terrain du collége de Boncourt. La rue Bordet limitait le terrain du collége, à partir du carrefour où l'on voit encore aujourd'hui une fontaine. La chapelle fut achevée en 1373, et tout le collége fut ruiné durant les troubles du règne de Charles VI. Les bâtiments sont occupés aujourd'hui par l'École Polytechnique.

LÉGENDE DU PLAN.

T. Le Collége d'Arras (*Paris et ses Histor.* p. 172), au bas du versant oriental de la montagne Sainte-Geneviève et près du cimetière Saint-Nicolas [1].

U. Le Collége de Boncourt (*ibid.* p. 170), sur la crête de la montagne Sainte-Geneviève, à côté du collége de Navarre [2].

V. Saint-André-des-Arts, église [3].

X. Le Cimetière Saint-André-des-Arts [4].

Y. Saint-Julien-le-Pauvre, église [5].

Z. Saint-Blaise, chapelle, à côté de Saint-Julien.

a. Saint-Yves, chapelle, au coin de la rue Saint-Jacques et de la rue des Noyers [6].

b. La Commanderie de Saint-Jean-de-Latran, rue du Clos-Bruneau (aujourd'hui nommée Jean-de-Beauvais) et place Cambrai [7].

[1] Le *collége d'Arras* existait en 1332, dans la rue *des Murs* (*in vico Murorum*). Ce collége était peu important; ses bâtiments se composaient de simples maisons, avec un jardin par derrière. Par le haut, il touchait au petit cimetière appelé *de Saint-Nicolas*. On pourrait supposer que, avant cette époque, les écoliers occupaient un autre emplacement. (Voir Jaillot et Du Breul.)

[2] Le *collége de Boncourt*, fondé vers 1353, et tout voisin du collége de Navarre, dont il était séparé par la rue Clopin, occupait les bâtiments d'un ancien hôtel de l'évêque d'Orléans. En 1380, il n'avait point encore pris les développements qu'il eut plus tard. Le *collége de Tournay*, fondé dans le même temps, était voisin de celui-ci, et avait été l'hôtel de l'évêque de Tournay. Les écoliers, ne possédant pas de chapelle, assistaient aux offices du collége de Boncourt.

[3] L'église *Saint-André*, qui existait, en 1380, à l'endroit où l'on voit aujourd'hui la place du même nom, avait été construite, vers 1212, après l'achèvement de l'enceinte de Philippe-Auguste, du côté de l'abbaye de Saint-Germain-des-Prés. Mais il y avait eu, en ce lieu, dans les *terres de Laas*, une chapelle qu'on appelait *Saint-André*, *Saint-Andrieu*, *Saint-Andrieu-des-Arts*, *Saint-André-des-Arts* ou *des Arcs*. (Voir Jaillot.)

[4] Le *cimetière Saint-André* fut établi en cet endroit l'an 1356; il était entouré de petites maisons en bordure sur les rues. La rue du Cimetière porte aujourd'hui le nom de Suger, et aboutit à la rue de l'Éperon. C'est dans cette rue qu'existait une communauté de *Sachettes*, ainsi nommées du sac noir qu'elles portaient, femmes dévotes vivant très-pauvrement. En 1356, la rue était fermée de deux portes, et avait, pour cette raison, pris le nom de rue *des Deux-Portes*, qu'elle a conservé assez longtemps.

Le *collége de Boissi*, fondé en 1358 ou environ, existait entre la rue des Poitevins et celle des Deux-Portes; il avait une petite chapelle sur cette dernière rue.

Le *collége d'Autun*, fondé en 1341, était placé au côté gauche de la rue Saint-André, un peu au-dessous de l'église. C'était une maison appartenant au cardinal Bertrand, évêque de Nevers, puis d'Autun, qui y joignit plusieurs maisons contiguës. Ce collége s'étendait jusqu'à la rue de l'Hirondelle.

[5] Cette petite église, bâtie au xii° siècle, était un prieuré: elle avait son entrée par une cour, dans la rue Saint-Julien, qui va de la rue Galande à celle de la Bûcherie. Elle était entourée de maisons, et à son chevet se trouvaient les écoles de la rue du Fouarre. Une allée donnait accès à la rue Galande, le long de la chapelle Saint-Blaise, qui se trouvait entre cette rue et la cour de Saint-Julien. Cet îlot de maisons existe encore, et l'on peut en reconnaître les anciennes dispositions. Saint-Julien a été réuni à l'Hôtel-Dieu depuis 1655.

[6] La chapelle *Saint-Yves* fut fondée en 1348, et l'on bénit, en 1357, la chapelle et le cimetière voisin. C'était un sanctuaire affecté spécialement aux avocats et procureurs. A côté, et en descendant vers le Petit-Pont, on rencontrait l'hôtel de Saint-Jean-des-Vignes, dont les dépendances allaient rejoindre la rue des Noyers, derrière Saint-Yves.

[7] Cette commanderie était en ce lieu dès la fin du xii° siècle. Les religieux prenaient le titre de *Frères hospitaliers de Jérusalem*, *de Saint-Jean-de-l'Hôpital*, ou *de Saint-Jean-de-Jérusalem*. C'est au xvi° siècle seulement qu'on leur donna le nom de *Saint-Jean-de-Latran*, nom qui se rapporte évidemment à l'église de *Latran*, à Rome. Les bâtiments et dépendances de la Commanderie occupaient tout le centre de l'îlot compris entre les rues des Noyers, au nord, du Clos-Bruneau, à l'est, de Saint-Jean-de-Latran et de la place Cambrai, au midi, et enfin

c. Les Thermes, ancien palais romain, rue de la Harpe [1].
d. Saint-Étienne-des-Grez, église (*Paris et ses Histor.* p. 178), rue Saint-Jacques et Saint-Étienne; le Collége des Chollets (*ibid.* p. 169), rue de ce nom et au-dessous de la rue Saint-Étienne-des-Grez, et le Collége de Lisieux (*ibid.* p. 173), rue Saint-Étienne-des-Grez [2].
e. L'Hôtel de Nesle [3].
f. La Tour de Nesle, anciennement *de Philippe-Hamelin*; sur le bord de la Seine, à l'extrémité de l'enceinte de Philippe-Auguste.
g. L'Hôtel de Sancerre et d'Hercule, sur le quai, au coin de la rue des Grands-Augustins.
h. L'Hôtel de Nevers, au coin de la rue Saint-André et de la rue Pavée [4].
i. L'Hôtel de Reims, au coin des rues du Paon (*Larrey*) et du Jardinet [5].

la rue Saint-Jacques ou Saint-Benoît, à l'ouest. Elle avait une entrée sur la rue du Clos-Bruneau, et une autre sur la place Cambrai. Elle était divisée en plusieurs cours et jardins, environnés de bâtiments occupés, en 1380, par les religieux et des artisans usant des priviléges du lieu. On y voyait une chapelle, avec son cimetière particulier, un cloître, et surtout une grande tour, de forme carrée, qui a été démolie tout récemment pour le passage de la nouvelle rue des Écoles. Au coin de la rue Saint-Jean-de-Latran, une grange, aboutissant au clos Bruneau, servait à recueillir les dîmes et revenus en nature. Sur son emplacement, on a récemment percé plusieurs rues : la rue Thénard, dans l'axe du collége de France (*de Cambrai*), allant à la rue des Noyers (boulevard Saint-Germain); la rue des Mathurins prolongée, passant dans l'ancien jardin de la Commanderie, et la rue de Latran, qui traverse le cimetière, de la rue Thénard à la rue Jean-de-Beauvais, dans l'axe de l'ancienne chapelle du collége.

[1] *Les Thermes*, en 1380, n'étaient point encore accolés à l'hôtel de Cluny, bâti par le cardinal d'Amboise. Les substructions de ce palais romain, habité par les rois de la première race, se retrouvent sous les maisons de l'îlot où il est placé, et couvrent un très-grand espace de terrain. A l'époque de 1380, des maisons bordaient les rues de la Harpe et des Mathurins, et le centre de l'îlot, du couvent à la rue de la Harpe, était occupé par des granges, un pressoir et des jardins.

[2] Le *collége des Chollets* fut fondé, à la fin du xiii° siècle, dans une maison située en face de la chapelle de Saint-Symphorien; on y joignit plusieurs autres maisons données ou achetées, mais on ne construisit point de chapelle, parce que celle de Saint-Symphorien put être utilisée, à cause de sa proximité. — Cette chapelle portait le nom de *Saint-Symphorien-des-Vignes*; elle avait été reconstruite,

au xii° siècle, dans un clos de vignes. A côté, entre le collége de Montaigu et un îlot où s'établit plus tard le collége libre de Sainte-Barbe, passait une ruelle nommée *de Saint-Symphorien*, ou *des Chiens*, dont l'emplacement se voit encore dans la rue des Sept-Voies, derrière le bâtiment de la bibliothèque Sainte-Geneviève. Cette voie portait un nom plus indécent, que sa malpropreté sans doute lui avait fait attribuer. — De l'autre côté de cette ruelle, se trouvait l'*hôtel de Châlons*, où Sainte-Barbe s'est établi depuis. — Vis-à-vis du collége des Chollets, et sur le côté méridional de la rue Saint-Étienne-des-Grès (*rue Cujas*), s'élevait le *collége de Lisieux* primitif, dont les dépendances s'étendaient jusqu'à l'enceinte de Philippe-Auguste, et dont l'emplacement est occupé aujourd'hui par la place du Panthéon et l'École de Droit.

[3] L'*hôtel de Nesle* était contigu aux murs de l'enceinte de Philippe-Auguste. Dans la muraille, il existait une porte qui permettait de sortir de la Ville, à côté de cet hôtel, qui, plus tard, prit le nom d'hôtel de Nevers. L'emplacement est occupé aujourd'hui par la bibliothèque Mazarine et les maisons de la place du quai Conti. La fameuse *Tour de Nesle* terminait, de ce côté, l'enceinte au bord de la Seine. Elle était déjà entourée de masures de pêcheurs, qu'il fallut évincer quand on répara cette partie des fortifications.

[4] Un *hôtel de Nevers* existait alors au coin de la rue Saint-André. Il avait d'abord été l'hôtel du comte d'Eu, et il possédait une sortie sur la rue des Augustins ou *de l'Abbé-de-Saint-Denis*. Cet hôtel occupait la moitié de l'îlot, dont le reste appartenait à l'hôtel de Laon, puis de Nemours. A cette époque, il y avait au pourtour peu de maisons de produit.

[5] L'*hôtel de Reims* tenait tout l'îlot, de la rue du Paon à la rue Hautefeuille; une ruelle ou impasse le séparait du collége de Bourgogne. Ses

LÉGENDE DU PLAN.

j. L'Hôtel de Cramault, rue Hautefeuille (section de la Barre), entre les rues Poupée et Percée.
k. L'Hôtel de Fescamp, rue Hautefeuille, entre la rue Percée et de la Serpente (*Serpente*).
l. L'Hôtel de Miraulmont, rue Hautefeuille, entre la rue Serpente et celle des Deux-Portes.
m. L'Hôtel d'Aligre ou *d'Alègre*, rue Hautefeuille (*Vieille-Plâtrière*), vers la rue des Deux-Portes [1].
n. Les Écoles de Picardie, rue du Fouarre [2], et les autres écoles.
o. L'École de Médecine et l'Hôtel d'Illiers, rues de la Bûcherie et des Rats [3].
p. La Tournelle et la Porte Saint-Bernard, sur la Seine, tenant à l'enceinte de Philippe-Auguste [4].
q. La Porte Saint-Victor (*Paris et ses Histor.* p. 221), appartenant à l'enceinte de Philippe-Auguste [5].
r. La Porte Bordelle, conduisant au *bourg Saint-Marcel* (*ibid.* p. 221).
s. La Porte Papale, de Sainte-Geneviève, murée.
t. La Porte Saint-Jacques [6] (*ibid.* p. 222).

dépendances et passages se trouvaient du côté de la rue Hautefeuille. C'est de l'archevêque de Reims que cet hôtel tirait son nom. — Tout cet emplacement se trouve compris aujourd'hui entre la rue du Jardinet et l'École de Médecine. Un passage public existe encore, du coin de la rue Mignon à la rue Hautefeuille, dans les anciennes cours de cet hôtel divisé.

[1] L'hôtel *d'Aligre* ou *d'Alègre* occupait une partie de l'îlot qui va jusqu'à la rue Pierre-Sarrazin, ainsi appelée dès le XIIIe siècle. Il était voisin d'un ancien cimetière des Juifs, qui longeait la rue, derrière les maisons de la rue de la Harpe. Ces propriétés étaient depuis longtemps établies sur d'anciennes substructions romaines, tenant au palais des Thermes ou à d'autres palais voisins, dont les vestiges ont été étudiés de nos jours.

[2] Les écoles de la nation de Picardie se trouvaient à peu près au milieu de la rue du Fouarre, adossées à la grande propriété donnant dans la rue des Rats, et qu'on appelle aujourd'hui *l'hôtel Colbert*. A cette époque, une ruelle, ou plutôt un passage, faisait communiquer les rues du Fouarre et des Rats. A côté de ce passage, étaient les grandes écoles de la nation d'Angleterre, et, de l'autre côté du passage, se trouvaient d'autres écoles après lesquelles, vers la rue de la Bûcherie, on voyait les écoles particulières à la nation de Normandie. Aujourd'hui, ces maisons ont été rebâties et portent les caractères de l'architecture des XVIIe et XVIIIe siècles.

[3] L'ancienne *École de Médecine* faisait partie de l'une des écoles de la rue du Fouarre; en 1380, cette Faculté, sans doute, ne s'était pas séparée des autres *arts*. Les maisons où l'on voit encore les bâtiments de cette école étaient donc, comme les autres propriétés voisines, des constructions propres à loger les écoliers. Sur la rue des Rats (*de l'Hôtel-Colbert*), et adossé aux écoles de la rue du Fouarre, on voyait un hôtel, qui porta d'abord le nom *d'Illiers*, puis qui appartint à l'évêque *de Chartres*. Il était limité par la ruelle des Écoles, dont nous avons parlé plus haut.

[4] La *Tournelle* était une tour bâtie au bord de la Seine, et reliée à la *porte Saint-Bernard*, formant de ce côté la tête du mur d'enceinte de Philippe-Auguste. On y attachait une grosse chaîne, destinée à fermer la rivière, et qui allait jusqu'à une autre tour, nommée *Loriaux* ou *Loriot*, placée dans l'île Notre-Dame, au bord du canal transversal. De ce point, la chaîne allait se terminer, à travers le petit bras du fleuve, à la tour *Barbeau*. Il y avait, à la porte Saint-Bernard, deux tours, un pont-levis et, naturellement, un fossé. Quant à l'enceinte de Philippe-Auguste, restaurée par Charles V, il importe de faire remarquer que tout d'abord les tours, portes et courtines furent réparées, et les fossés recreusés partout; que les chemins de ronde intérieur et extérieur furent rendus libres au passage des soldats, et remis parfaitement en état de défense.

[5] La *porte Saint-Victor* se composait de deux tours rondes à l'extérieur et formant une façade carrée à l'intérieur, de manière à ménager un ou deux postes dans les massifs latéraux. Elle est partout représentée avec une seule grande porte; nous l'avons indiquée de même, mais en accusant l'ogive, que les dessinateurs de la Renaissance et les autres ont changée en un plein cintre. En démolissant, il y a quelque temps, les restes de cette porte pour exécuter le percement d'une nouvelle rue, à travers la montagne Sainte-Geneviève, on a retrouvé de notables vestiges de ses substructions.

[6] La *porte Saint-Jacques*, bâtie sur le modèle de toutes celles de Philippe-Auguste, fut réparée

u. L'ancien Parloir-aux-Bourgeois, derrière les Jacobins, sur la muraille de la Ville [1].

v. La Porte Gibart ou de Saint-Michel (*Paris et ses Histor*. p. 222), à l'extrémité de la rue de la Harpe.

x. La Porte de Saint-Germain ou de l'Abbaye (*ibid*. p. 223), à la rue des Cordeliers ou des Boucheries, du côté de l'Abbaye.

y. La Porte de Buci, à la rue Saint-André-des-Arts [2].

z, z, z. Enceinte de Philippe-Auguste et fossés du roi Jean [3].

2° RUES.

1. Rue du Petit-Pont et le Petit Châtelet [4].

sous Charles V, et peut-être reconstruite en partie. Ce n'est que plus tard que ses ouvrages avancés furent augmentés d'une sorte de réduit crénelé, qui formait une place d'armes en avant du pont-levis, ayant ses côtés protégés par une escarpe.

[1] Le *Parloir-aux-Bourgeois* était une singulière construction, de forme rectangulaire, placée en saillie sur le nu de la courtine et tout proche d'une tour de l'enceinte, à l'endroit où la direction de ce mur s'infléchissait jusqu'à la porte Gibart ou Saint-Michel. Ce parloir avait son étage habitable fort élevé au-dessus des fossés. Il servit aux assemblées des membres du Bureau de la Ville, qui n'en abandonnèrent jamais entièrement la propriété. La jouissance seule fut accordée aux Jacobins.

[2] La *porte de Buci* ou *Bussy* se trouvait à l'extrémité de la rue Saint-André-des-Arts, vis-à-vis le passage actuel du Commerce, et au coin occidental de la rue Contrescarpe-Saint-André. Le passage du Commerce suit très-exactement le pied des tours et courtines de l'enceinte, depuis la rue Saint-André jusqu'à celle de l'École-de-Médecine, où la fontaine actuelle indique l'emplacement de la porte Saint-Germain. Auprès de la grille de la cour de Rouen, ou Rohan, qui conduit à la rue du Jardinet, on voit encore une tour de l'enceinte, dans l'atelier d'un serrurier, et, dans la petite cour derrière, la partie droite de cette tour, avec sa moulure en quart-de-rond. Elle peut avoir encore 4 mètres de hauteur au-dessus du sol. Il est probable qu'il y avait, en 1380, une poterne ou porte de communication à cet endroit, et il est présumable aussi qu'elle était sujette à être fermée à la première réquisition des autorités militaires. Nous développerons ailleurs (*Topogr. hist. du Vieux Paris*) toutes les questions soulevées par ces faits, et nous espérons démontrer que, au XVIII° siècle, les intérêts privés ont cherché trop souvent à obscurcir des choses très-claires et très-justes.

[3] Toute la partie de l'enceinte de Philippe-Auguste qui entoure l'Université, de la Tournelle à la tour de Nesle, existait à l'époque où Charles V ordonna de bâtir la nouvelle enceinte. Mais il n'y eut lieu qu'à des réparations ou à quelques reconstructions partielles, du côté de la rive gauche; on dut refaire les terrasses et les toitures des portes, boucher les pertuis et les poternes jugés inutiles ou nuisibles à la défense, rétablir la libre circulation sur le chemin de ronde intérieur, et réparer les degrés de la courtine, enfin recreuser et régler les talus des fossés et leur contrescarpe. Comme on sait que le travail commença par la partie neuve et urgente, celle de la rive droite, et que l'enceinte ne fut pas terminée avant 1383 ou 1384, il est à croire que ce furent les réparations de la vieille enceinte de la rive gauche, et, plus particulièrement, la portion regardant le bourg Saint-Germain, qui demeurèrent inachevées. C'est ce que nous avons voulu indiquer par l'état des murailles de cette partie.

[4] La rue *du Petit-Pont* s'étend de la rue de la Huchette à la rue Saint-Séverin et à la rue Galande. C'est, à proprement parler, le commencement de la rue Saint-Jacques. En 1380, elle n'était pas alignée à la largeur qu'on lui a donnée plus tard. Le *Petit Châtelet* occupait toute la place du Petit-Pont, et ses talus plongeaient dans la Seine. Il est clair qu'on avait, en tout temps, cherché à assurer les berges de cette partie du fleuve, qui donnait un passage facile à la Cité. Une porte voûtée s'ouvrait sous le centre du Châtelet, contre lequel venaient s'appuyer les maisons qui bordaient la rive du fleuve. La Grosse-Tour était du côté d'aval, et à côté existait une ruelle conduisant à une boucherie, dont les étaux et sans doute la *tuerie* se trouvaient sur la berge de la Seine. Du côté d'amont, il y avait des constructions assez vastes, s'étendant jusqu'à la ruelle Maître-Pierre, laquelle menait au fleuve et servait de puisoir (*puch'eau*), ou d'abreuvoir.

LÉGENDE DU PLAN.   45

2. La Grande Rue Saint-Jacques (*Paris et ses Histor.* p. 176), ou rue *Saint-Benoît* [1].
3. Rue des Grez, ou rue Thorel (*ibid.* p. 178).
4. Rue de la Bûcherie (*ibid.* p. 182).
5. Rue des Degrés et le Port-aux-Tripes, de la rue de la Bûcherie à la Seine, en prolongement de la rue du Fouarre [2].
6. Rue des Raz (*ibid.* p. 182) ou *des Rats*, aujourd'hui de l'Hôtel-Colbert, allant de la rue Galande à celle de la Bûcherie et au quai.
7. Rue du Feurre (*ibid.* p. 182), ou du Fouarre, et les Écoles [3].
8. Rue de Saint-Julien-le-Pauvre (*ibid.* p. 182).
9. Rue de Garlande, ou Galande [4] (*ibid.* p. 182, *de la Calandre*).

[1] La *Grande Rue Saint-Jacques*, ou *Saint-Benoît*, s'étendait réellement du Petit-Pont à la porte Saint-Jacques, entre les rues Soufflot et des Fossés-Saint-Jacques ; elle avait divers noms, selon le tronçon qu'on voulait désigner. De la Seine à Saint-Séverin, c'était la rue du Petit-Pont ; de Saint-Séverin à Saint-Yves, elle s'appelait la *Grant Rue oultre Petit-Pont*; des Mathurins à la rue du Cimetière-Saint-Benoît, elle prit le nom de *Grant Rue Saint-Benoît*; de ce point à la rue des Cordiers, on la nommait *Grant Rue Saint-Jacques*, et, jusqu'à la porte, rue *des Grez*.

Mais, comme nous l'avons dit ailleurs, ces dénominations n'avaient rien de fixe ; les censiers varient très-souvent et emploient indifféremment l'un ou l'autre nom. Souvent même on remarque, pour le même lieu, deux noms différents, à cause de la situation des bâtiments ou des entrées sur diverses rues. Les hôtels un peu vastes ont souvent souffert de ces altérations dans la désignation écrite, et ces variations ont causé des erreurs. Il est difficile de déterminer bien exactement la disposition de certaines parcelles, en 1380, à cause de la différence de désignation.

Au XII° siècle, la rue Saint-Jacques n'avait pas de nom particulier : c'était la *Grande Rue* (*Vicus Magnus, Major Vicus*). Au siècle suivant, on commença à lui donner les noms des églises qui en étaient proches : *vicus Sancti Jacobi Prædicatorum, vicus Sancti Stephani de Gressibus, vicus prope Sanctum Benedictum le Bestournet, vicus ad caput ecclesiæ Sancti Severini*, etc. Il est à remarquer que cette grande rue, dans tout son parcours, ne laisse voir aucun édifice public ou particulier, sauf la chapelle Saint-Yves et les couvents de la porte Saint-Jacques, tout est bordé de maisons de produit qui se serrent contre les colléges, les églises, les hôtels et les couvents qui occupent les îlots.

[2] Les eaux et immondices allaient à la Seine par la ruelle des Petits-Degrés, qui, sans doute, était couverte en partie et prit le nom de *Trou Punais* ou du *Lion Pugnais*.

[3] Toute cette partie de la rue *du Fouarre* et les lieux adjacents étaient occupés par les écoles de la Faculté des *Arts*. Outre les écoles du côté oriental, dont nous avons parlé ci-devant (*Écoles de Picardie*), le côté occidental avait, à partir de la rue Galande, les écoles de France, grandes et petites, les grandes écoles de Normandie, les écoles de Picardie et celles d'Angleterre, outre celles du côté oriental. Cette rue était fermée à ses deux extrémités, pour que les écoliers fussent tout à fait chez eux. Ce quartier faisait partie du clos Mauvoisin ou de Garlande. Il est probable qu'il ne fut percé et bâti qu'au commencement du XIII° siècle. Cependant il ne faut pas en inférer qu'il n'y avait aucune maison avant cette époque ; il est probable, au contraire, que les rues qui l'entouraient étaient bâties, comme tous les autres clos de ce quartier. Celui-ci avait l'inconvénient d'être souvent inondé, lors des crues de la Seine. Mais, si près de la place Maubert, il a dû se peupler de très-bonne heure. — Nous expliquerons ailleurs les raisons qui firent placer les écoles des *Artiens* dans ce quartier et proche Saint-Julien.

[4] La seigneurie de *Garlande*, dès le XI° siècle, comprenait le clos Mauvoisin, qui originairement avait appartenu à l'abbaye de Sainte-Geneviève. La rue *Galande* et celle des *Trois-Portes*, avec la ruelle *Jacinthe*, qui, toutes trois, conservent encore leur nom, ont été tracées et percées au commencement du XIII° siècle. Il y avait là, à cette même époque, un cimetière destiné aux Juifs, avec une maison qui en fermait l'entrée. Ce terrain était aux droits des chanoines de Saint-Agnan, dans la Cité. La rue a conservé encore une grande partie de ses maisons anciennes ; l'îlot, compris entre les rues des Anglais, Saint-Jacques, du Plâtre (aujourd'hui *Domat*) et

10. Rue du Pavé de la Place Maubert, de la rue de la Bûcherie à la place Maubert.

11. La Place Maubert et son Marché[1] (*Paris et ses Histor.* p. 181).

12. Rue des Plâtriers ou du Plâtre, allant de la rue Saint-Jacques à la rue des Anglais (aujourd'hui rue *Domat*).

13. Rue des Anglais (*ibid.* p. 180), joignant la rue Galande à la rue des Noyers[2].

14. Rue des Lavandières (*ibid.* p. 180), allant de la place Maubert à la rue des Noyers.

15. Rue des Noyers, de la rue de la Montagne-Sainte-Geneviève à la rue Saint-Jacques. La rue du Foin en est la continuation.

16. La Croix Hémon, au carrefour formé par la place Maubert et les rues Saint-Victor, de la Montagne-Sainte-Geneviève, des Noyers et de Bièvre.

17. Rue Traversaine (*ibid.* p. 180), allant de la rue d'Arras à la rue de la Montagne-Sainte-Geneviève. On l'appelait ainsi en 1380; plus tard, on a dit rue *Traversine* et rue *Traversière*.

18. La Grande Rue Sainte-Geneviève (*ibid.* p. 180), allant de la place Maubert au carré Sainte-Geneviève; en 1276, on disait *vicus Genovefeus*[3].

19. Rue Saint-Victor (*ibid.* p. 181) et les culs-de-sac[4].

Galande, offre un exemple des dispositions parcellaires et des servitudes au moyen âge.

Le *cimetière aux Juifs* se trouvait du côté de la rue Saint-Jacques, et le jardin *de la Cloche-Perce*, en 1380, en occupait une partie.

Le *collége de Cornouailles* était placé dans une des maisons de la rue du Plâtre.

[1] La place *Maubert* était encore, il y a quelques années, à peu près en l'état où on la voyait au moyen âge. Les anciens cartulaires lui donnent le nom de *Platea Mauberti*. Le lieu occupé par cette place étant situé au bas de la montagne Sainte-Geneviève et dans un terrain souvent inondé, il ne semble pas qu'il ait dû être bâti dans les premiers temps de Paris. Cependant, dès le commencement de la féodalité, il est question de la place Maubert. La population était très-pressée dans le pourtour et les environs de cette place, sur laquelle s'élevait, de temps immémorial, un marché, et qui a toujours été le théâtre des exécutions, durant tout le moyen âge.

Au fond du cul-de-sac d'Amboise, dans la rue *du Pavé*, et en face de la rue de la Bûcherie, se trouvait le collége *de la Marche*, qui s'appelait alors *de Constantinople*; il occupait le reste de l'îlot et dépendait de l'hôtel d'Amboise.

[2] La rue *des Anglais* allait de la rue Galande à la rue des Noyers. Le nom de cette rue lui vient, sans aucun doute, des nombreux écoliers anglais qui fréquentaient les écoles de la rue du Fouarre. L'abbé de Pontigny avait une maison dans cette rue, un peu avant d'arriver à la rue du Plâtre, et vis-à-vis de cette rue.

[3] Cette rue principale a toujours été très-populeuse. En montant de la Croix Hémon à l'Abbaye, on rencontrait, à droite, après les Carmes, le collége *de Dampnemarche* ou *de Dace*, ou encore *de Suesse*, suivant les époques. Il fut réuni à celui de Laon. Un peu plus haut, à gauche, se trouvait la maison de l'*abbé de Saint-Vincent de Senlis*, aboutissant par derrière au collége *de la Marche*, puis la rue *Judas*, et, à gauche, celle du Sablon; plus haut, on voyait l'hôtel d'Albriac, et, en face, l'entrée du collége de Navarre. Là, enfin, se trouvait le carrefour où se tenaient les bouchers et où la voie se bifurquait; celle de gauche gagnait la rue Bordet, celle de droite allait à l'Abbaye, dont une des portes se trouvait en alignement avec le côté méridional de la rue des Amandiers. La pente de cette rue a toujours été très-rapide.

[4] La rue *Saint-Victor* part de la place Maubert et va jusqu'à la porte de son nom; elle conduisait à l'Abbaye, qui occupait, en 1380, l'emplacement actuel de la Halle-aux-vins. Elle suivait le pied de la montagne Sainte-Geneviève, traversait l'ancien clos du Chardonnet, l'église Saint-Nicolas, et suivait le canal de la Bièvre, passant derrière les maisons qui bordaient le côté gauche de la rue. A droite, elle rencontrait un massif de maisons butant à l'escarpement de la montagne et s'arrêtait à la rue Traversaine, qui reliait toutes ces petites rues entre elles. La première se nommait rue *de Saint-Nicolas*; la deuxième, rue *du Mûrier*; en 1249, elle s'appelait rue *Pavée*; le collége d'*Allemagne* y existait en 1348. La troisième était la rue *du Paon*; en 1380, elle

20. Rue Perdue (*Paris et ses Histor.* p. 181), allant du quai à la place Maubert, aujourd'hui *Maître-Albert*.
21. Rue des Bernardins, de la rue Saint-Victor à la Seine.
22. Rue de Bièvre (*ibid.* p. 181), joignant le carrefour de la place Maubert au quai [1].
23. Rue de la Porte-Bordelle, allant du carrefour Sainte-Geneviève à la porte Bordelle ou Saint-Marcel.
24. Rue Clopin [2] (*ibid.* p. 181).
25. Rue du Moustier ou des Prêtres-Saint-Étienne-du-Mont, entre la rue Sainte-Geneviève et la rue de la Porte-Bordelle. Elle existe encore.
26. Rue de Saint-Étienne-des-Grez (*ibid.* p. 178), allant du cloître Sainte-Geneviève (rue des Sept-Voies) à la grande rue Saint-Jacques [3].
27. Rue des Sept-Voies (*ibid.* p. 179) et du Petit-Four [4].
28. La Croix et le Puits aux Bouchers [5].
29. Rue des Carmes et rue de Judas [6] (*ibid.* p. 179).
30. Rue Saint-Jean-de-Beauvais ou du Clos-Bruneau [7] [*Brunel*] (*ibid.* p. 179).

portait le nom d'*Alexandre-Langlois*. La quatrième s'appelait rue *du Bon-Puits*, à cause d'un puits public situé au coin de la rue Traversaine. Au bout de cette rue existait un cul-de-sac qui s'arrêtait aux murs de soutenement du collége de Navarre. Il paraît que, avant le xiie siècle, cette rue continuait jusqu'à la rue Clopin. La cinquième, nommée rue *de Versailles*, avait un petit cul-de-sac, à la suite de la rue Traversaine. Pierre *de Versaliis* y demeurait en 1270.

[1] Cette rue était ainsi nommée dès 1250; le canal de la Bièvre fut creusé à cette époque, et on voulut le détourner en 1361; mais, en 1380, la rigole existait encore.

[2] Cette rue joignait celle de la Porte-Bordelle à la rue des Fossés-Saint-Victor. Au xiiie siècle, elle se terminait à la rue d'Arras, ou *des Murs*. Elle séparait les colléges de Navarre et de Boncourt.

[3] A droite de cette rue, en sortant du cloître de Sainte-Geneviève par la porte du cimetière des clercs et la rue des Sept-Voies, on trouvait le *collége de Montaigu*, fondé par Aycelin, évêque de Clermont. Mais, en 1380, ce collége n'était point encore un édifice; il se composait d'un amas de maisons, dans lesquelles étaient logés les écoliers et les boursiers. Les bâtiments furent construits, au xve siècle, sur l'emplacement de ces maisons.

[4] La rue *des Sept-Voies*, qui va du carrefour Saint-Hilaire au cloître Sainte-Geneviève, passait auparavant jusqu'aux murs; en 1380, elle n'allait plus qu'aux murs des jardins de l'Abbaye. — La rue *du Four*, ou *du Petit-Four-Saint-Hilaire*, aboutit à la rue des Sept-Voies. C'est la première en montant, à droite. Dans cette rue, se trouvait le four banal.

A côté de Saint-Hilaire, on voyait le collége de Karemberg, établi dans des maisons de cet îlot. Il existe encore un puits, maçonné dans le mur, à l'endroit où s'élevait ce collége. A côté, et sur la rue d'*Écosse* ou *du Chaudron*, se montrait le petit *collége de Toul*, qu'on nommait aussi *de Tou* ou *de Thou*. En 1393, il est appelé *de Tulleio*.

[5] Ce puits et cette rue existaient au carrefour, et les boucheries, ainsi que les étaux, avaient été autorisées à la fin du xiie siècle.

[6] La rue *des Carmes* se nommait, en 1380, rue Saint-Hilaire; elle aboutissait, plus bas, à la rue des Noyers. On y voyait, à gauche, les Carmes, puis le *collége de Laon*, ensuite l'ouverture de la rue *Judas* allant à la rue Sainte-Geneviève, enfin le *collége des Lombards*, ou *d'Italie*, qui donnait dans la ruelle de la cour des Bœufs, laquelle le séparait du *collége des Grassins*. A droite s'étendaient les colléges de *Presles* et *de Beauvais*, avec la maison des *Carneaux*, existant encore en 1380, puis une rangée de maisons, parmi lesquelles se trouvait celle des *écoliers de Suysse*. Toutes ces parcelles aboutissaient à la ruelle Jousseline, ou cul-de-sac Bouvard, jadis sentier des vignes du clos Bruneau, et qui allait buter contre les anciennes écoles.

[7] La rue *Jean* ou *Saint-Jean-de-Beauvais* se nommait, en 1380, rue *du Clos-Bruneau* (*Clausum Brunelli*), et conserva ce nom jusqu'au xvie siècle, époque où l'usage lui fit prendre le nom de la remarquable chapelle du collége *de Beauvais*, dédiée à *saint Jean* l'évangéliste. On y rencontrait, à droite, les colléges de Presles et de Dormans-Beauvais, et ensuite les anciennes *Écoles de Décret*, dont l'une se trouvait en face, au côté gauche, près d'un jeu de

31. Rue Saint-Jean-de-Jérusalem ou Saint-Jean-de-Latran, Carrefour Saint-Hilaire et rue Charretière[1] (*Paris et ses Histor.* p. 179).
32. Rue des Cordiers (*ibid.* p. 178), allant de la rue de Cluny à la rue Saint-Jacques.
33. Rue des Porées ou Poirées ou Porel (*ibid.* p. 178), de la rue de Sorbonne à la rue Saint-Jacques.
34. Rue Saint-Thomas ou Thomas d'Argenteuil, joignant la rue de Sorbonne à la rue de la Harpe, en prolongement de la rue des Poirées.
35. Rue de Cluny ou Clugny et de Sorbonne. Cette rue a conservé sa direction. Au xiiie siècle, on la nommait rue des Deux-Portes, parce qu'elle était fermée.
36. Rue des Maçons. Elle allait, en ligne droite, de la rue des Mathurins au collége de Cluny.
37. Rue de la Harpe ou Saint-Cosme (*ibid.* p. 176); les Colléges d'Harcourt (*ibid.* p. 170), de Justice (*ibid.* p. 172), de Séez, de Bayeux (*ibid.* p. 173), de Narbonne et de Daimville[2] (*ibid.* p. 171).
38. Rue des Mathurins ou des Thermes, allant de la rue Saint-Jacques à la rue de la Harpe.
39. Rue du Fain ou du Foin (*ibid.* p. 177); le Collége de Maître-Gervais[3] (*ibid.* p. 171).

paume de Saint-Jean-de-Latran; plus loin, on voyait le carrefour où se trouvait le *Puits-Certain*. A gauche était la rangée de maisons dépendant de la Commanderie de Saint-Jean, et l'entrée du couvent, avec le pignon de la grange.

[1] La rue *Saint-Jean-de-Latran* commençait à la rue Saint-Jacques et finissait, en formant une courbe, à la rue Saint-Jean-de-Beauvais et à la rue du Mont-Saint-Hilaire. Elle longeait la Commanderie, et traversait la place faisant face aux colléges de Cambrai et de Tréguier. La rue *Chartière* aboutissait au même point, et ces rues y formaient un carrefour auquel on a quelquefois donné le nom de *Saint-Hilaire*, quoique cette appellation soit plus souvent attribuée à la petite place formée devant l'église, à l'origine de la rue des Sept-Voies. Le nom de la rue Chartière s'écrit de diverses façons.

[2] La rue *de la Harpe* commençait au coin des rues Mâcon et Saint-Séverin, et finissait à la porte Saint-Michel. En 1347, on l'appelait *vicus Citharæ*; au xiiie siècle, c'était la *Juiverie* ou *vetus Judearia*. Dans le haut de la rue, depuis Saint-Cosme, on la nommait, en 1380, rue *Saint-Cosme*. La partie basse, de Saint-Séverin à l'abreuvoir, s'appelait rue *Regnault-le-Herpeur*, la *Petite-Bouclerie* et de l'*Abreuvoir-Mascon*. Jusqu'aux Thermes, cette grande rue était bordée exclusivement de maisons; à droite, elle recevait les rues *Poupée*, *des Deux-Portes*, ou *Percée*, *Serpente*, une deuxième rue *des Deux-Portes*, et était bordée par les maisons dépendant de l'ancien hôtel du Forez, ainsi que par la rue Pierre-Sarrazin et le *collége de Daimville*, fondé cette même année (1380). Au coin de la rue *des Cordeliers*, s'élevaient l'église des *Saints-Cosme-et-Damien*, une maison de l'évêque de Clermont et le *collége de Justice*, nouvellement fondé, puis le *grand collége d'Harcourt*, créé en 1280, et qui s'étendait jusqu'aux murs de la Ville. — Du côté gauche de la rue, à partir de la rue des Mathurins, se trouvaient : le *collége de Séez*, ou plutôt les hôtels et maisons dont il se composa un quart de siècle plus tard, et qui aboutissaient à la rue des Maçons; le *collége de Narbonne*, fondé en 1320, dans un hôtel, et agrandi depuis; le *collége de Notre-Dame-de-Bayeux*, dont l'entrée seule donnait sur la rue, et enfin le *collége des Trésoriers*.

[3] La rue *du Foin*, prolongement de la rue des Noyers, s'étendait de la rue Saint-Jacques à celle de la Harpe, section de la Juiverie. A la fin du xiiie siècle, on l'appelait *o Fain* (ce qui vient évidemment de l'abréviation de *rue au Fain* ou *Foin*); dans le xive siècle, on écrit *de la Fennerie* et *au Foin*. En 1383, on disait rue *aux Moines-de-Cernay*, à cause de l'hôtel des abbés des Vaux-de-Cernay, situé au coin de la rue de la Harpe et touchant au terrain du palais des Thermes. La partie de rue qui allait de la rue de la Harpe à l'entrée de la rue Bouterie s'est nommée aussi rue *Servode*. — Cette rue était bordée, du côté méridional, par la maison de Cernay, absorbée aujourd'hui dans le tracé du boulevard Saint-Germain, par une grange, ainsi que par les dépendances des Mathurins, dans lesquelles se trouvait le cul-de-sac ou ruelle fermée de Coterel. Le long de la rue s'étendait un bâtiment servant de grange ou magasin, lequel avait une galerie passant sur la rue, pour conduire au *Pressoir*, de l'autre côté.

40. Rue des Écrivains ou des Notaires (*Paris et ses Histor.* p. 176), ou *de la Parcheminerie*, ou *des Parcheminiers* (*ibid.* p. 177), et la rue Bouteberie ou Bourc-de-Brie[1] (*ibid.* p. 177).
41. Rue de Saint-Séverin (*ibid.* p. 176), et cul-de-sac de Sallembrière [2].
42. Rue de la Huchette, ou de Laas (*ibid.* p. 174).
43. Rue Sacalie, ou Zacharie (*ibid.* p. 174).
44. Place Saint-Michel, et Justice de Saint-Germain-des-Prés [3].
45. Rue du Hurepoix. Les maisons de cette rue aboutissaient, par derrière, à la Seine.
46. Rue des Augustins, de la rue Saint-André-des-Arts à la Seine.
47. Rue Gilles-le-Coeur, ou le Queux, et de l'Arondale (*Hirondelle*); le Collége d'Autun [4].
48. Rue Pavée [5] (*ibid.* p. 175).
49. Rue de la Barre et à l'Abbé-de-Saint-Denis (*ibid.* p. 175), de la rue Saint-André-des-Arts au quai des Augustins.

[1] Ce massif de maisons, compris entre Saint-Séverin, les Mathurins et les rues Saint-Jacques et de la Harpe, a été surtout occupé par les écrivains, les enlumineurs et les parcheminiers. La rue étroite qui joint les deux grandes voies se nommait, à cause de l'industrie qui s'y était établie, rue *de l'Escrivenerie*, ou *des Parcheminiers*, ou *de la Parcheminerie*, nom qu'elle a conservé avec raison, puisqu'on y trouve encore des marchands de parchemin. L'autre rue, qui lui est perpendiculaire et se termine à la rue du Foin, se nommait *des Enlumineurs* (1371). Son nom primitif, altéré par l'usage, a été fort estropié par les copistes. Ce nom paraît être *Érembourg-de-Brie* (1284), *Eremburgis de Bria* et *Braia*, d'où l'on tira *Bourg-de-Brie*, *Bourc-de-Brie*, *Bout-de-Brye* et *Bouttebrie*, dernière appellation conservée jusqu'ici. — Dans cette rue, et du côté oriental, se trouvait le *collége de Maître-Gervais*, fondé, vers 1370, sous le vocable de *Notre-Dame-de-Bayeux*, par maître Gervais Chrestien. Il fait partie maintenant, avec d'autres maisons, des écoles primaires de la Ville, dans la rue Saint-Jacques. — Au coin de la rue du Foin se trouvait une maison portant un écusson surmonté d'une couronne royale; on l'appelait *la maison de la Reine-Blanche*. Quelques auteurs ne la font remonter qu'à l'époque de Henri II; mais elle devait être plus ancienne. Deux autres maisons, du côté occidental, ont des façades et un escalier remarquables; mais elles sont postérieures à 1380.

[2] Cette rue, l'une des plus anciennes de Paris, va de la rue de la Harpe à la rue Saint-Jacques. Elle a encore aujourd'hui conservé sa physionomie ancienne. L'église Saint-Séverin borde son côté méridional, sur le tiers de sa longueur. L'autre côté est bordé de maisons, et, en face de la cave de Saint-Séverin, près du petit passage conduisant au chevet, on voit une ruelle très-étroite qui dégage toutes les maisons de la rue du Petit-Pont. C'est à présent, et depuis très-longtemps, un cul-de-sac; mais elle débouchait anciennement dans la rue de la Huchette et, par une servitude, dans la rue du Petit-Pont, à la quatrième maison en remontant. Ce cul-de-sac se nomme toujours *de Sallembrière*, et il est fermé par une grille en fer. On fait venir cette appellation de *Saille-en-bien* (*Saliens in bonum*), nom d'un particulier, ou *Faillie-en-Bien* (Corrozet). La ruelle allant à la rue du Petit-Pont s'appelait rue *des Jardins*, ou peut-être *des Sept-Chenets*. — Ce terrain faisait partie des terres *de Laas*. — La rue *Sacalie*, ou Zacharie, débouche dans la rue Saint-Séverin.

[3] La *place Saint-Michel*, ou plutôt *du Pont-Saint-Michel*, était formée par la rencontre des rues du Hurepoix, près du fleuve, de l'Hirondelle, de la Clef, tête de la rue Saint-André, par le carrefour de l'abreuvoir Mascon et les maisons dépendant du pont Saint-Michel. — L'abbé de Saint-Germain-des-Prés y avait sa *Justice*, et l'on y faisait habituellement des ventes judiciaires.

[4] La rue *Gilles-le-Cœur* (aujourd'hui *Gît-le-Cœur*), qui va de la rue Saint-André au quai des Augustins, s'appelait, au xive siècle, *Gilles-Queux* (*Ægidius coquus*), *Guy-le-Queux* (nom donné aussi à la rue des Poitevins), *Villequeux*, etc. Au coin, sur le quai, se trouvait l'hôtel de Sancerre, dit de l'archevêque de Besançon. — La rue *de l'Hirondelle*, ou *d'Arondale-en-Laas* (1200), avait, sur son côté méridional, le *collége d'Autun*, et, de l'autre, une maison ayant appartenu à la duchesse d'Étampes; on voit encore des salamandres sculptées sur les clefs. C'était, en 1380, une dépendance de l'hôtel de Besançon.

[5] La rue *Pavée*, parallèle à la rue Gilles-le-Cœur, était remplie de grands hôtels. On voyait :

50. Rue Saint-André-des-Arts (*Paris et ses Histor.* p. 175), de la porte Buci à l'église Saint-André.
51. La Grande Rue de Saint-Germain-des-Prés (*ibid.* p. 175). C'est la partie de la rue Saint-André qui touchait à la porte de Buci.
52. Rue Hautefeuille[1] (*ibid.* p. 176).
53. Rue Plastrière, ou du Battoir (*ibid.* p. 176).
54. Rue de la Serpente (*ibid.* p. 175), et les Colléges de Tours et Mignon[2] (*ibid.* p. 171 et 173).
55. Rue du Jardinet, allant de la rue Mignon à la cour de Rouen, près des murs de la Ville.
56. Rue du Paon (*ibid.* p. 176), de la rue du Jardinet à celle des Cordeliers, près de la Porte.
57. Rue des Cordeliers, ou Cordèles (*ibid.* p. 176), et les Colléges de Prémontré et de Bourgogne[3] (*ibid.* p. 171).

III. LA VILLE.

1° LIEUX ET ÉDIFICES REMARQUABLES.

A. Le Château du Louvre[4] (*Paris et ses Histor.* p. 194).

1° à droite, sur le quai, l'hôtel de Gaucher de Chastillon, devenu, en 1380, propriété de l'évêque de Laon; 2° à l'autre angle de la rue Saint-André, l'hôtel d'Eu et de Nevers; 3° de l'autre côté, à l'angle, la maison de Hugues de Crussi, qui fut donnée au duc de Lorraine; 4° en face de l'hôtel de Laon, l'hôtel de l'évêque de Rodez.

[1] Cette rue s'étend de Saint-André-des-Arts à la rue des Cordeliers; elle existe encore aujourd'hui en entier. On l'appelait aussi rue *de la Vieille-Plastrière* ou *de la Barre*; mais cette dernière dénomination était appliquée plus spécialement à la partie basse. *Haute-Feuille* était le nom d'un ancien château, ou palais, d'un neveu de Charlemagne, bâti tout près des murs de la Ville. Il ne faut pas rejeter trop facilement ces légendes populaires, qui ont presque toujours un fondement réel. Les fouilles du vieux Paris ont déjà fait découvrir bien des substructions gallo-romaines, et il n'y aurait rien d'étonnant que, si rapprochée des Thermes, la rue Hautefeuille eût possédé quelque palais des souverains de la seconde race, sur l'emplacement des Cordeliers.

[2] La rue *Serpente*, ou *de la Serpente*, aboutissait, d'un côté, à la rue de la Harpe, et, de l'autre, à la rue Hautefeuille. En 1380, elle était étroite et tortueuse, ou mal alignée. En 1263, on la nommait *vicus tortuosus qui est ab oppositis palatii Termarum*. — On donnait aussi ce nom à une partie de la rue du Battoir, jusqu'à la rue *du Pet*, retour de la rue des Poitevins.

Le *collége de Tours* occupait un emplacement assez réduit, au milieu, du côté septentrional de la rue Serpente. Il avait été fondé vers 1331.

Le *collége Mignon*, fondé en 1343 par Jean Mignon, aboutissait aux rues de *Semelle* (rue *Mignon*), des *Petits-Champs* (rue *du Jardinet*) et de la *Serpente* (partie de la rue *du Battoir*).

[3] Dans la rue *des Cordeliers*, dont la plus grande partie était occupée par le couvent de ce nom, on trouvait, au coin de la rue Hautefeuille, le *collége des Prémontrés* ou *de Prémontré*. En 1252, on le plaça dans la grande maison de Pierre Sarrazin, située en face de la rue de ce nom; puis, vers la fin du XIII° siècle, on compléta l'îlot, en achetant les maisons bordant la rue *des Étuves*, de façon que, en 1380, ce collége était circonscrit par la ruelle des Étuves, par une autre ruelle qui débouchait dans la rue Hautefeuille et formait le prolongement du cul-de-sac du Paon ou de l'hôtel de Reims, puis par les deux rues des Cordeliers et de Hautefeuille. Les Prémontrés avaient une chapelle et le droit de posséder un autel portatif. — A côté, et sur l'emplacement actuel de l'École de Médecine, s'élevait le *collége de Bourgogne*, qui venait d'être fondé en 1329, et qui possédait, dès 1350, une chapelle dédiée à la Vierge. Ce collége était limité par la ruelle en cul-de-sac dite du Paon, la rue des Étuves, et des maisons particulières.

[4] Le *Louvre*, en 1380, venait d'être restauré et agrandi par Charles V, qui, après avoir construit les ailes du nord et de l'est, en surélevant, dans certaines parties, les vieilles constructions de Philippe-Auguste, avait fermé le quai du côté du chemin de halage, ou route de Chaillot. La *Grosse-Tour* existait encore; des jardins entouraient le château au nord et à l'ouest, où se trouvaient le

LÉGENDE DU PLAN.   51

B. La Tour du Coin (*Paris et ses Histor.* p. 194), à l'extrémité de l'enceinte de Philippe-Auguste, en face de la tour de Nesle.
C. Saint-Germain-l'Auxerrois (*d'Auxerre*), église [1] (*ibid.* p. 183).
D. Saint-Honoré, église et son cloître (*ibid.* p. 184), dans l'îlot du côté septentrional, hors la Porte.
E. Le For-l'Évêque (*ibid.* p. 197) et le *For-le-Roy* [2].
F. Saint-Eustache ou *Huitace*, église [3] (*ibid.* p. 183).
G. Sainte-Opportune, collégiale (*ibid.* p. 188), sur une petite place près de la rue Courtalon.
H. Les Saints-Innocents, et le Cimetière avec les Charniers [4] (*ibid.* p. 183).
II. Les Halles et les Piliers [5] (*ibid.* p. 198).

Magasin de l'Artillerie, ainsi que la Tour et Maison de l'Engin, qui protégeaient la vanne de décharge des fossés. Toutes les tours, ainsi que les combles, étaient ornées de girouettes dorées; les plates-formes des escaliers étaient dallées et garnies de balustrades. (Voir *Topogr. hist. du Vieux Paris*, t. II.) Les jardins du nord et les cours n'avaient pas encore l'étendue qu'ils eurent depuis.

[1] Saint-Germain-l'Auxerrois remonte à une très-haute antiquité. On l'appela pendant longtemps Saint-Germain-le-Rond. Il était desservi par des chanoines, et il est probable que son cloître avait été primitivement fortifié. Le monument que nous voyons aujourd'hui n'existait point en 1380; il a été rebâti depuis, en 1573. Les rues de l'Arbre-Sec, vers le chevet de l'église, des Poulies, vers la façade, des Fossés, au nord, et le quai de l'École, circonscrivaient l'église et ses dépendances. C'était la partie que les Normands avaient fortifiée en 866, et l'on voyait encore, en 1383, des traces de leurs fossés et de leurs parapets près du chevet de l'église, ainsi que dans la rue des Fossés. — Au xiiie siècle, les *écoles* se tenaient au coin du quai de ce nom et de la rue de l'Arbre-Sec. Ces écoles, avant l'établissement définitif de l'Université, avaient été fondées dans les cathédrales ou les principaux monastères, afin de préparer les aspirants à l'état ecclésiastique. Elles n'existaient plus en 1380, et les marchands s'étaient emparés de la place.

[2] Le For-l'Évêque (*Forum Episcopi*), que bien des titres de l'évêché de Paris appellent le *Four-l'Évêque* (*Furnum Episcopi*), était le siège de la justice de l'Évêque, fort étendue dans cette région. Le *For-le-Roi* se trouvait dans la rue Saint-Germain, en face du For-l'Évêque, comme pour constater ses droits régaliens. Ces édifices existaient au xiiie siècle, et ce qui en restait sur le quai de la Mégisserie, dans le siècle dernier, confirmait l'opinion qui en faisait remonter la construction au

delà de 1200. — La prison du For-l'Évêque se trouvait sur le quai, entre l'arche *Marion* et la ruelle *des Fuseaux*, qui descendait à la Seine sous le chemin de halage.

[3] Cette église apparaît comme paroissiale dès 1223; auparavant, c'était une chapelle dédiée à sainte Agnès. On prétend même qu'une autre chapelle, à l'orient de Sainte-Agnès, aurait été érigée sous l'invocation de *Saint-Vitase*, ou *Huitace*. Comme la première chapelle est attribuée à un nommé Jean Alais, et qu'un cloaque, ou puisard, situé dans la rue Trainée-Saint-Eustache, recouvert d'une pierre élevée formant passerelle, se nommait *le Pont-Alais*, on pouvait supposer que l'église paroissiale fut bâtie au commencement du xiiie siècle, plus du côté de *Saint-Huitace* que du côté de Sainte-Agnès. C'est, en effet, à cette époque que le doyen de Saint-Germain éleva des contestations au sujet des offrandes des Quatre Fêtes, que lui disputait le curé de la nouvelle paroisse. L'édifice actuel a été bâti en 1532, un peu plus du côté de la rue du Jour.

[4] L'église des *Saints-Innocents* dépendait de Sainte-Opportune; elle existait déjà au xiie siècle, et il est probable qu'elle fut agrandie ou restaurée à l'époque où Philippe-Auguste s'occupa d'améliorer les *Champeaux* (*les Halles*). — Le *Cimetière*, étant voisin du marché qui avait pris un grand accroissement, fut entouré de galeries et de murs destinés à le mettre à l'abri des profanations et même des crimes qui s'y commettaient. Au xiiie siècle, il fut agrandi du côté de la halle. — La tour octogonale, ou fanal, existait déjà dans l'enceinte funéraire. On y voyait une fontaine dès le milieu du xiiie siècle.

[5] Les *Halles*, qui étaient, au moyen âge, le grand marché d'approvisionnement de Paris, se trouvaient, en 1380, déjà couvertes d'étaux, de boutiques et d'échoppes; mais il restait toujours le *carreau* de la halle, l'endroit libre où les marchands *forains* venaient vendre, sans payer autre chose que

J. Le Pilori des Halles et la Fontaine [1] (*Paris et ses Histor.* p. 198).

K. Sainte-Marie-l'Égyptienne, chapelle à l'angle de la rue de ce nom et de la rue Montmartre. La construction remontait seulement à 1370 environ.

L. Saint-Sauveur, église (*ibid.* p. 184), au coin de la rue de ce nom et de la rue Saint-Denis (xiv° siècle).

M. La Trinité (*ibid.* p. 185), hôpital situé rue Saint-Denis, en face de Saint-Sauveur; la chapelle avait sa façade sur la rue.

N. Saint-Leu-et-Saint-Gilles, église (*ibid.* p. 185), rue Saint-Denis; le chevet, sur la rue Salle-au-Comte, a été emporté par le boulevard de Sébastopol.

O. Saint-Magloire et son cloître, abbaye [2] (*ibid.* p. 185).

le droit du roi, tandis que les marchands *fixes* avaient des places pour lesquelles ils devaient acquitter un loyer. Nous avons dit plus haut comment ce vaste emplacement avait été d'abord entouré de fossés, puis couvert et fermé avec des portes; nous nous bornerons à expliquer ici l'état des constructions de toute nature qui couvraient sa surface. Au centre s'étendaient deux vastes places, entourées d'abris en bois, sans doute avec toitures en ardoises, sous lesquels se tenaient les marchands, comme on les voyait, il y a peu d'années encore, à la Halle au poisson et à la Halle aux légumes. Ces constructions, qui étaient publiques et appartenaient au roi, ne servaient qu'à l'approvisionnement, comme cela se pratique encore aujourd'hui.

Ainsi, l'ensemble des Halles, de la rue Saint-Honoré à la pointe Saint-Eustache, espace qui, selon nous, formerait les anciens *Champeaux* de Philippe-Auguste, était circonscrit par la rue *de la Tonnellerie*, avec ses *piliers*; par la rue *Pirouette* (ou *Thérouanne*, ainsi appelée du fief de ce nom), aussi avec des *piliers*; en retour d'équerre, par la rue *des Potiers-d'étain*, également à piliers; puis par l'îlot de la rue aux Fers et la rue *de la Lingerie*, dont un côté existe encore. Le côté oriental de cette dernière rue était adossé au Cimetière des Innocents, jusqu'à la rue de la Ferronnerie. — Le *Pilori*, une fontaine et une croix occupaient le triangle sur la rue Pirouette.—La rue *de la Fromagerie* suivait la direction de la rue Montmartre, entre deux rangées d'éventaires couverts. Quant aux autres divisions, elles étaient formées de trois grandes tranches de bâtiments : la première comprenant les rues *de la Cordonnerie*, *de la Grande* et *de la Petite-Friperie*; la deuxième, la rue *de la Poterie*; la dernière, sur la rue Saint-Honoré, englobant les rues *de la Boucherie*, dite *de Beauvais*, et *de la Halle-aux-cuirs*. C'était de ce côté qu'on rencontrait les halles des marchands forains; ils eurent ce privilége jusqu'au

xv° siècle, et ils finirent par l'abandonner. Au xiv° siècle, on distinguait les Halles de Douai, de Bruxelles, d'Amiens, de Pontoise, de Rouen, de Beauvais, qu'on transforma en étaux de bouchers. — La vente de la marée se faisait alors du côté du fief de Thérouanne, fief distinct et qu'on appelait *Hellebick* ou *Albick*; c'est plus tard qu'on y fit élever des *greniers*. Dans la deuxième partie, vers *la Poterie*, il y avait des jeux de paume, qui y furent placés probablement au xv° siècle. — Les *Grands Piliers* de la rue de la Tonnellerie existaient déjà au xiii° siècle, et ils servaient aux tonneliers; les toiliers occupaient l'autre côté de la rue.

Comme toutes les maisons à *piliers* aboutissaient sur les rues de derrière, et que des passages, ou des ruelles très-étroites, donnaient une communication facile à ces îlots, on pourrait dire que la véritable limite des Halles était la rue des Prouvaires ou Prouvelles, la rue Traînée, la grande rue de la Truanderie et la rue Saint-Denis, jusqu'aux Innocents. En 1380, la plupart des petites maisons voisines de la rue Saint-Honoré n'étaient que des échoppes.

[1] Le *Pilori*, sorte de tour couverte, avec une armature tournante à la hauteur du premier étage, s'élevait au milieu du Marché à la marée. Une fontaine était à côté. C'est sans doute de celle-ci, et non de celle de Jean Goujon, que parlent les historiens du xvii° siècle. Jaillot; en paraissant croire que cette fontaine existait au xiii° siècle, avant celle de Jean Goujon, affirme un fait réel qui n'était pas en question. On peut supposer que cette fontaine avait été construite au xiii° siècle, et qu'elle retraçait le caractère brillant de cette époque.

[2] Le couvent de *Saint-Magloire* s'étendait entre les rues Aubry-le-Boucher, Saint-Denis, Quincampoix, Saint-Magloire et Salle-au-Comte; il était entouré de tous côtés de maisons de produit, sauf au midi, où se trouvait le *Saint-Sépulcre*. Il commu-

P. Saint-Jacques-de-l'Hôpital [1] (*Paris et ses Histor.* p. 191).
Q. Sainte-Catherine, chapelle, au coin des rues des Lombards et Saint-Denis.
R. Saint-Jacques-la-Boucherie, église [2] (*ibid.* p. 183).
S. Saint-Leufroy, chapelle, près du Grand-Châtelet, entre le quai et la Grande-Boucherie.
T. Saint-Merry ou Saint-Médéric (*ibid.* p. 183), et l'Archet Saint-Merry [3] (*ibid.* p. 109).

niquait avec la rue Saint-Denis par un passage, et avec la rue Quincampoix par le cul-de-sac de Venise. Avant le xiii° siècle, les religieux de Saint-Magloire, établis dans la Cité, possédaient en cet endroit une chapelle sous l'invocation de Saint-Georges, et un cimetière. Ils avaient aussi leur prison particulière. L'église du chapitre du *Saint-Sépulcre*, contiguë aux murs du jardin de Saint-Magloire, avait été bâtie en 1326. Elle fut fondée avec l'argent destiné à une croisade projetée. Le portail était de la fin du xiv° siècle.

[1] *Saint-Jacques-de-l'Hôpital* a été fondé vers 1315, dans la rue Mauconseil, au coin de la rue Saint-Denis. Cet asile était destiné aux pèlerins de Saint-Jacques-de-Compostelle, lieu de pèlerinage fort en vogue à cette époque.

[2] L'église *Saint-Jacques-de-la-Boucherie* était située au coin de la rue des Arcis et de celle des Écrivains. Il existait une chapelle en cet endroit depuis un temps très-éloigné. Saint-Martin-des-Champs avait des droits, pour une partie, sur Saint-Jacques, mais seulement depuis le xi° siècle. Elle avait été rebâtie et agrandie au xiii° siècle, et surtout au xv°. La tour, qui a été conservée, se trouvait au côté méridional de l'église; elle fut achevée sous le règne de François I°, ainsi que le portail principal.

[3] Cette église, de fondation très-ancienne, est située dans la rue Saint-Martin, au coin de la rue de la Verrerie, qui, autrefois, formait la limite de la section de la rue des Arcis. Cette église était entourée d'une rue qui dépendait de la cure, et qui s'appelle encore rue *du Cloître-Saint-Merry*. L'édifice fut reconstruit et agrandi vers le xiii° siècle; celui que nous voyons aujourd'hui est l'œuvre du xvi° (1520). Le cloître comprenait, vers 1383, toutes les maisons des îlots qui l'entourent aujourd'hui, notamment les ruelles *Brisemiche* et *Taillepain*. Du côté de la rue Saint-Martin existaient une porte et une barrière, d'où le nom de *Barre-Saint-Merry*. Les chanoines de cette église y avaient juridiction, un tribunal, ou *auditoire* (*auditorium*), et une prison. Nous ferons remarquer ici que c'était un usage constant, au moyen âge, de fermer les cloîtres ou les clos appartenant soit à un établissement religieux, soit à une corporation civile; aussi voyons-nous, à cette époque, les cloîtres Sainte-Geneviève, Saint-Germain-l'Auxerrois, Saint-Merry, la rue des Écoles et les six ou sept rues des Deux-Portes ou des Trois-Portes, en divers quartiers, clos avec des portes ou des grilles. La cause de ces fermetures particulières, c'était la nécessité de se protéger, chez soi, contre les rôdeurs que le guet ne parvenait pas toujours à arrêter. Il n'y avait rien de déshonorant, dans cet état de choses, pour les habitants des rues fermées, quoique les Juifs et les filles de joie habitassent presque toujours des rues de ce genre.

Les ruelles dont nous venons de parler, *Taillepain* et *Brisemiche*, existent encore entre la rue du Cloître-Saint-Merry et la rue Neuve : c'étaient des dégagements du cloître, des cours en quelque sorte. En 1380, la partie très-étroite de la rue Brisemiche, actuellement dallée, n'était point ouverte, dit Jaillot; mais nous croyons qu'elle était toujours un passage, car l'aspect de la maison à saillie indique bien une séparation, ou ce qu'on appelle un *pied d'échelle*, ayant existé avant le xvi° siècle. La partie fermée de la rue Taillepain sur le cloître a toujours porté ce nom ou l'équivalent (*Brise-pain*, *Mâche-pain*, etc.); ce qui ferait penser que la distribution des vivres, par le chapitre, se faisait dans cet endroit. Le reste de la rue, en retour d'équerre, et la rue Brisemiche, vers le nord, se sont toujours appelés *Baillorhe*, *Baillehoü*, *Baillehoë* et *Baillehoc*. En 1207, on lit distinctement *vicus de Bay-le-Hœu*, plus tard *Bail-leheu*, ce qui tient peut-être au mot *Bailleul*, que tant de localités ont conservé au nord de l'Île-de-France. Dans cette ruelle de *Baillehoc*, il y avait un *lupanar* autorisé, car il existe une ordonnance du roi relative au changement de domicile des femmes débauchées qui scandalisaient les bourgeois se rendant aux offices.

Dans la rue Saint-Martin, à la hauteur de la rue Neuve-Saint-Merry, du côté de l'église, il existait encore, au xv° siècle, un pilier ou pied-droit d'une ancienne porte de Paris, qu'on appelait *l'Archet Saint-Merry*. On nommait généralement *rue Saint-Martin près la porte Saint-Merry* (*vicus Sancti Martini juxta portam Sancti Mederici*) la partie de

U. Saint-Julien-des-Ménestriers, église [1] (*Paris et ses Histor.* p. 185).
V. Saint-Nicolas-des-Champs, église [2] (*ibid.* p. 185).
X. L'Abbaye de Saint-Martin-des-Champs [*le Prioré*], hors la porte Saint-Martin [3] (*ibid.* p. 185).
Y. Le Temple [4] (*ibid.* p. 186).

cette rue comprise entre la rue Neuve-Saint-Merry et celle de la Verrerie. On sait, d'ailleurs, que c'était par là que passait une des premières enceintes de Paris; il en a été découvert des traces près de la rue des Lombards et derrière la place de Grève.

[1] Cette église fut fondée, vers 1330, par la Confrérie des Ménétriers ou musiciens, pour servir d'hôpital aux pauvres confrères (presque toutes les corporations avaient, à cette époque, des maisons de ce genre, où elles traitaient honorablement leurs membres nécessiteux). Elle était située entre la ruelle appelée la Cour du More et la ruelle des Petits-Champs; son portail donnait sur la rue Saint-Martin, et les maisons destinées à l'hôpital avaient entrée sur les deux ruelles. L'église n'existe plus; mais les îlots subsistent encore, avec leur aspect du moyen âge.

[2] *Saint-Nicolas-des-Champs* a toujours été voisin de l'abbaye de Saint-Martin; il n'en était séparé que par une ruelle, ou passage très-étroit, à peu près comme Saint-Étienne-du-Mont se trouvait placé par rapport à l'abbaye de Sainte-Geneviève. Cette église, dont la fondation remonte très-loin, passe pour avoir été la chapelle d'un palais que le roi Robert aurait habité, dans le voisinage de Saint-Martin-des-Champs. Quelle que soit l'opinion à laquelle on s'arrête sur le point, un fait certain, c'est que Saint-Nicolas existait, comme paroisse, à la date de 1380, et que l'édifice avait été construit au commencement du xii° siècle. On comprend, au reste, que l'église n'ait été érigée en paroisse que longtemps après sa construction; cet exemple est assez fréquent au moyen âge. Elle ne fut agrandie qu'après les accroissements successifs du quartier, et le prieuré de Saint-Martin ne reprit un peu d'importance qu'après le xi° siècle. Saint-Nicolas n'était donc alors entouré que des maisons, peu nombreuses, nécessaires à son service.

[3] L'enclos de *Saint-Martin-des-Champs* était compris, à l'époque qui nous occupe, entre la voie principale, aujourd'hui la rue Saint-Martin, la rue du Vertbois, au nord, la rue de la Croix et la rue Frépillon (aujourd'hui rue *Volta*), à l'orient, et enfin, au midi, la rue Aumaire ou au Maire, qui bordait les terrains de Saint-Nicolas. Ce serait dans la partie du sud-est, occupée dernièrement encore par une sorte de marché bâti, qu'aurait pu se trouver le palais du roi Robert. L'infléchissement marqué de la rue Frépillon, à cet endroit, semblerait indiquer la ligne séparative, comme s'élevant perpendiculairement sur la rue Saint-Martin passant ensuite au côté droit de l'église Saint-Martin, et suivant la clôture de l'abbaye. Il ne faut pas oublier que la direction des rues dont nous parlons était également celle de la clôture particulière de l'abbaye, et qu'il y avait encore, à cette date, plus de jardins et de maisons de maraîchers que de maisons urbaines. Ce monastère, d'abord abbaye, descendit au rang de prieuré, à la fin du xi° siècle, quand on substitua les religieux de Cluny aux chanoines qui le desservaient auparavant. En 1380, le monastère était composé de l'église, du cloître y attenant et des bâtiments de service placés sur le devant, vers la rue Saint-Martin. Un grand jardin s'étendait derrière le corps du monastère, du côté de l'orient, et les dépendances de la maison pénétraient jusque dans Paris, en franchissant la muraille.

Les enceintes que les rois faisaient construire autour de la capitale, tout en agrandissant le cercle de certains droits régaliens, ainsi que celui des impositions et perceptions de la Ville, n'amoindrissaient en rien les droits de seigneurie directe que les abbayes et les seigneurs exerçaient partout. Les environs de Saint-Martin, du côté du monastère et du côté du Temple, n'étaient pas encore couverts d'habitations, comme ils le furent plus tard. Ce fut évidemment la construction de l'enceinte de Charles V qui amena le percement et le lotissement des dépendances immédiates du couvent. La plupart des bâtiments de ce monastère remontaient aux xi° et xii° siècles; mais une partie de l'église, le réfectoire et des parties de murs doivent être attribués aux xiii° et xiv° siècles.

L'égout passait au nord du monastère, sur l'emplacement de la rue du Vertbois qu'il longeait.

[4] On ne connaît pas au juste la date de l'établissement de l'ordre du Temple à Paris; il est pourtant certain qu'en 1147 cet ordre tint, à Paris même, un chapitre présidé par le pape Eugène III,

Z. La Culture ou Couture du Temple [1] (*Paris et ses Histor.* p. 186).
a. Sainte-Avoie, chapelle (*ibid.* p. 187).
b. Saint-Bon, chapelle (*ibid.* p. 187).

et que le roi y parut. En 1182, Philippe-Auguste régla un différend à propos de boucheries établies sur le territoire des Templiers. Il est donc certain que l'Ordre, dès ses commencements, s'établit brillamment à Paris, et que les seigneurs, ainsi que les rois, le favorisèrent. Ses propriétés étaient immenses : il avait des maisons jusque dans le quartier voisin de la Grève. Au xiii° siècle, on appelait déjà ce domaine *Villa nova Templi*. Les rois mêmes y déposaient leurs trésors, et y logèrent au xiv° siècle; les bâtiments en étaient nombreux et beaux.

On peut affirmer qu'à la fin du xiv° siècle, et au moment où Charles V enveloppa les terres du Temple dans l'enceinte nouvelle qu'il créait, il y avait là une forteresse, encore belle, qui venait d'entrer (1313) dans l'ordre des Hospitaliers, devenu plus tard l'ordre de Malte. Ce fait nous conduit à supposer qu'il n'y eut aucun démantèlement effectué dans les bâtiments dont se composait le Temple, ce qui, d'ailleurs, n'aurait pas eu de motif plausible, les chevaliers du Temple n'ayant fait aucune résistance matérielle aux volontés du roi Philippe le Bel et du pape. On peut aussi remarquer que, la bulle de suppression étant datée du 2 mai 1312, et le roi Philippe le Bel faisant encore sa résidence habituelle au Temple en 1306, il est très-concevable que ce prince ait conservé la faculté d'entrer dans cette forteresse et d'y maintenir, sous son commandement, une garde suffisante. Si une velléité de résistance avait pu se manifester, ce n'aurait pas été dans Paris qu'elle aurait produit un effet sérieux. Certaines rivalités ayant surgi entre les Templiers et les Hospitaliers, on pourrait en inférer que ceux-ci prêtèrent ou étaient disposés à prêter un appui moral et matériel au roi et au pape qui brisaient cet ordre rival. C'est sans doute pour ce motif que nous trouvons, un demi-siècle après la suppression de l'ordre du Temple, son chef-lieu entre les mains de l'ordre de Saint-Jean.

La clôture du Temple comprenait tout le terrain qui s'étend de la rue du Temple, à l'ouest, à la rue actuelle de Berry, à l'est, et de la rue de la Corderie ou des Cordiers, au midi, jusqu'auprès de la rue de Vendôme, ou au chemin de ronde de la nouvelle enceinte, vers le nord. De ce côté, elle était longée par l'égout du grand marais et les rigoles venant des coteaux de Mesnilmontant. Les bâtiments se composaient d'une grande cour, entourée de tout ce qui pouvait faciliter le service militaire des chevaliers; c'était, à proprement parler, la cour d'une caserne. Au fond de cette cour, et au centre de l'enclos, s'étendait le couvent proprement dit, avec ses cloîtres et sa chapelle, faite d'abord sur le modèle de celle de Jérusalem, ainsi qu'on le voit dans presque toutes les commanderies de cet ordre, qui continua encore à exister en Espagne, mais avec moins de puissance que celle dont il pouvait disposer en France. A côté du cloître se trouvaient le logis du Grand Maître et des dignitaires de la *langue de France* et celui où se logeaient les rois. Ce dernier devait être voisin de la tour carrée du Donjon, flanquée de quatre tourelles, l'autre aile du cloître principal se reliant à un grand bâtiment carré, de ce style particulier aux Templiers, qui l'avaient importé d'Orient. D'immenses jardins, communs et particuliers, entouraient de toutes parts le centre du Couvent; des murs crénelés, garnis de tourelles et défendus par des fossés, fermaient cet immense enclos.

La situation du couvent du Temple se trouvait parfaitement choisie pour défendre les marais qui, de ce côté, formaient la ceinture avancée de Paris. Ces terrains avaient toujours dû être maintenus en culture, et, même avant le lotissement des rues de ce nouveau bourg, ils produisaient, sans doute, d'assez bons revenus à leurs possesseurs. Aujourd'hui, on connaît parfaitement les limites de l'ancien emplacement du Temple, dont le donjon est demeuré debout jusqu'à la fin du siècle dernier. On a construit en ce lieu un marché, un jardin public, une mairie avec ses dépendances.

[1] La *Culture du Temple* couvrait tout le terrain qu'on a appelé depuis *le Marais*, jusqu'à la *Culture* ou *Couture* de Sainte-Catherine, et les dépendances du palais des Tournelles, alors l'hôtel d'Orgemont, appartenant à l'évêque de Paris. A travers ces jardins maraîchers passait l'égout des quartiers Saint-Paul et Saint-Antoine. Les seules parties régulièrement bâties étaient voisines de l'enceinte de Philippe-Auguste, alors, il est vrai, en mauvais état, mais non encore ruinée. Ces marais demeu-

c. Sainte-Croix-de-la-Bretonnerie, église [1] (*Paris et ses Histor.* p. 189).
d. Le Couvent des Billettes [2] (*ibid.* p. 189).
e. Saint-Jean-en-Grève, église (*ibid.* p. 184).
f. Saint-Gervais, église [3] (*ibid.* p. 184).

rèrent bien longtemps en culture, et l'on se contenta d'y bâtir des maisons le long des principales voies. Ils étaient loués à des jardiniers, qui y construisaient des bâtiments appropriés à leur usage, et pourvus seulement des choses nécessaires à l'habitation et au travail de ces jardiniers.

[1] Ce couvent était occupé par des chanoines réguliers dits *de Sainte-Croix* (*Cruciferi*, *Crucigeri*, *Cruce signati*). Il était situé dans la rue Sainte-Croix-de-la-Bretonnerie et dans la rue des Billettes, qui en était voisine. Au XIIIᵉ siècle, époque où les religieux occupèrent cet emplacement, le lieu se nommait *le Champ-aux-Bretons*, ou *aux-Flamands*. On a supposé que ce nom venait d'une famille *Breton* ou *Le Breton*; mais il nous paraît plus simple et plus raisonnable de l'attribuer à une colonie de Bretons établie dans cet endroit. Cette origine se trouve d'accord avec les coutumes du temps, et satisfait pleinement aux exigences de l'étymologie et de l'histoire. — La chapelle se trouvait en bordure sur la rue. On a rencontré tout récemment des caveaux funéraires dans les caves des maisons voisines.

[2] Ce couvent, fondé à la fin du XIIIᵉ siècle, sous le règne de Philippe le Bel, occupait presque tout l'îlot formé par les rues des Billettes, de Sainte-Croix-de-la-Bretonnerie, de la Verrerie, et la ruelle de Moussi, fermée de grilles, qui dégageait les jardins et bâtiments de ce couvent. L'église et le cloître ont leur entrée sur la rue. On attribue la fondation de la chapelle à un flamand, bourgeois de Paris, sur l'emplacement de la maison d'un juif, nommé Jonathan, mis à mort pour avoir fait bouillir une hostie consacrée, le jour de Pâques de 1290. C'est pourquoi cette maison s'appela d'abord *l'hôpital*, ou *le collège des Miracles*. Le couvent fut rebâti au commencement du XVᵉ siècle, par suite de l'exhaussement considérable donné au sol de ce quartier. On voit encore les traces de cet exhaussement du terrain. Le cloître avait été bâti vers 1350.

[3] L'église *Saint-Gervais-et-Saint-Protais*, située non loin de la Seine, à l'orient de la place de Grève, et sur un monticule appelé *le Monceau Saint-Gervais*, est réputée la plus ancienne église de Paris dont il soit fait mention sur la rive droite. Dès le Vᵉ siècle, on lui aurait donné la qualification de *basilique*. Il est à croire, et nous espérons le prouver, que Saint-Gervais était renfermé dans l'enceinte primitive du Paris de la rive droite, et que de tout temps le *Monceau* avait été un lieu fortifié pour la défense de cette partie importante de la ville de Paris. — L'édifice qu'on voyait en 1380 avait été reconstruit en 1212. Sa construction dura longtemps, puisqu'il n'était point encore terminé en 1420, et qu'on dédia seulement les parties achevées. Du côté de la rue du Pourtour, et formant la pointe vers la place Baudoyer, s'étendait un cimetière, à galerie couverte sur le pourtour, auquel étaient adossées des boutiques et des échoppes; de l'autre côté se trouvaient des maisons occupées par le clergé de l'église, et desservies par un cul-de-sac qui existe encore et qu'on fermait alors. Au point culminant du Monceau, et en regard du fleuve, s'élevaient des murs indiquant des constructions solides, et telles qu'on les bâtirait pour faire une muraille de défense. — Dans la partie basse de la rue des Barres, appelée, en 1380, la rue *du Chevet-Saint-Gervais*, on voyait un grand hôtel *des Barres*, ou de la Barre, qui, en 1364, fut amorti en faveur de Saint-Maur-des-Fossés. Au XIIIᵉ siècle, il appartenait aux Templiers, qui avaient en face des moulins sur la Seine. Ces constructions formaient l'extrémité de l'enceinte primitive, dont le Monceau Saint-Gervais était en quelque sorte la citadelle.

En face de la porte occidentale de l'église se dressait un orme (Guillot l'appelle *l'Ourmeciau*) qui, renouvelé plusieurs fois, fut maintenu là jusque dans les dernières années du XVIIIᵉ siècle; il était fort connu sous le nom de *l'Orme* ou *l'Ormeau Saint-Gervais*. C'est le seul arbre de ce genre qui ait été vu dans Paris avec la destination que nous allons signaler, bien que l'usage en fût assez répandu dans les campagnes. Là se plaçaient, de temps immémorial, les juges *pédanées*, ou *juges de dessous l'Orme*. On y rendait la justice pour les seigneurs, et l'on venait en outre y conclure et y exécuter ou solder des marchés. (Voir un compte de 1443, Sauval, t. III, p. 341.) Nous sommes convaincu que cet orme n'avait pas d'autre destination, et nous le croyons avec d'autant plus de raison que les différends à juger devaient être tous d'une grande urgence. En effet, ceux qui venaient recourir à cette forme expéditive étaient tous des jardiniers

g. Le Cimetière Saint-Jean (*Paris et ses Histor.* p. 201).
h. Saint-Paul, église royale [1] (*ibid.* p. 184).
i. Le Couvent de l'Ave-Maria [*les Béghines*] (*ibid.* p. 187), et une tour de l'enceinte de Philippe-Auguste [2].
j. Le Petit Saint-Antoine, couvent (*ibid.* p. 191).
k. Sainte-Catherine-du-Val-des-Écoliers (*ibid.* p. 190), couvent, et sa Culture [3] (*ibid.* p. 220).
l. Le Couvent des Célestins (*ibid.* p. 190).
m. La Bastille [4] (*ibid.* p. 194).

et des maraîchers, et l'on sait que les difficultés d'irrigation demandent des décisions immédiates. On faisait, à l'Orme Saint-Gervais, ce qu'on fait encore chaque jour sous le portail de la cathédrale de Valence d'Espagne, où les juges des eaux prononcent, sans appel, sur toutes ces questions. La coutume aura naturellement cessé avec l'existence des marais voisins.

[1] L'église *Saint-Paul* était sur le territoire du monastère de Saint-Éloy, dans la Cité. C'était une chapelle voisine du cimetière consacré à l'inhumation des religieuses. L'enceinte de Philippe-Auguste l'ayant englobée dans la Ville, et la population du quartier s'étant considérablement accrue, on agrandit l'édifice élevé au XIIIᵉ siècle. Elle fut de nouveau reconstruite au milieu du XVᵉ. — A côté de cette église, devenue paroisse au XIIIᵉ siècle, s'élevait un ancien bâtiment, appelé *la Grange-Saint-Éloy*, qui servait à la fois de manse, de grange et de magasins, et enfin de prison. Il existait encore dans le siècle dernier.

[2] Ce couvent existait déjà du temps de saint Louis, mais il occupait quelques maisons seulement. En 1380, il avait pris de l'extension, à cause du grand nombre de religieuses qui s'y renfermaient; il s'étendait de la rue des Prêtres-Saint-Paul, près de la fausse-porte de l'enceinte, à la rue des Barrés, en longeant, d'un côté, le mur d'enceinte et deux tours de la Ville; de l'autre côté, il bordait la rue du Fauconnier. Il est donc probable que la Ville avait réservé son chemin de passage le long des murailles, tout en permettant aux religieuses de se servir des locaux en bon état. C'est en 1485 seulement que Charles VIII leur permit de s'appuyer au mur et d'occuper définitivement les tours. — L'*Ave-Maria* était occupé dernièrement par une caserne qui vient d'être démolie, et dans laquelle on a découvert des traces du couvent ainsi que de l'enceinte.

Les religieux de *Barbeaux* (*Portus sacer*, près de Melun) occupaient une maison, de l'autre côté de la rue, proche d'une porte de l'enceinte de Philippe-Auguste, laquelle s'appelait *la Porte Barbelle-sus-l'yaue*.

Sur ce quai, on voyait le *Chantier du Roi*, qui ne devint un édifice qu'à la fin du XIVᵉ siècle, mais qui existait auparavant comme hangar et clôture.

Le premier hôtel de Sens, autre que celui que l'on connaît aujourd'hui, se trouvait derrière le couvent de Barbeaux, et fut acquis par Charles V, pour être joint à ceux qui formaient déjà l'hôtel de Saint-Paul.

[3] *Sainte-Catherine*, dite *du Val-des-Écoliers*, était un couvent situé rue Saint-Antoine, dans l'îlot au-devant duquel s'élevait la fontaine de Birague. Les bâtiments longeaient le côté oriental de la rue Culture-Sainte-Catherine; de l'autre côté, passait l'égout des marais du Temple, qui, depuis, fut couvert, et qui coulait alors sous l'arche Perrin. L'église fut bâtie, au XIIIᵉ siècle, avec l'argent des Templiers, pour la plus grande partie. Le couvent fut florissant jusqu'au XVIIIᵉ siècle. Il avait une grande *culture*, voisine de celle des Templiers, et qui a donné son nom à la rue qui y conduisait. Cette voie fut bâtie avant le XIVᵉ siècle, à l'exception des parties plus avancées dans le Marais. On sait d'ailleurs que ce quartier fut construit, en fort peu de temps, aussitôt après la division des biens du Temple et des dépendances du palais des Tournelles.

[4] En 1380, la *Bastille* venait d'être bâtie avec la porte Saint-Antoine et les murs voisins. Elle n'avait donc autour d'elle que ses fossés et la porte principale, dans l'axe de la rue Saint-Antoine, qui fut immédiatement dégagée jusqu'à la rue du Petit-Musc. Quant à l'éperon du côté oriental, il n'existait pas; mais, à notre avis, il ne serait pas improbable qu'une porte antérieure, ouverte entre les deux tours qui formaient une sorte d'avant-corps vers le faubourg, ait été utilisée pour la construction du château, et qu'il soit resté, en

n. LA PORTE SAINT-ANTOINE (*Paris et ses Histor.* p. 224).
o. LA PORTE DU TEMPLE (*ibid.* p. 227).
p. LA PORTE SAINT-MARTIN (*ibid.* p. 227).
q. LA PORTE SAINT-DENIS (*ibid.* p. 228).
r. LA PORTE MONTMARTRE (*ibid.* p. 230).
s. LA PORTE SAINT-HONORÉ (*ibid.* p. 231).
t, t, t, t. L'ENCEINTE DE CHARLES V [1].
u. LA TOUR DE BOIS.
v. LA TOUR BARBEAU [2].
x. LA TOUR DE BILLY.
y. L'ÎLE DE JAVIAUX (*Louviers*).
z, z, z, z. L'ENCEINTE DE PHILIPPE-AUGUSTE [3].

avant, quelques remblais ayant servi aux approches de cette porte. On avait déjà tenté d'élever des fortifications durant la régence du Dauphin, au moment où les Bourguignons désolaient la partie orientale des environs de Paris. L'Arsenal ne venait point encore se joindre aux dépendances de la forteresse, qui, cependant, était en état de recevoir le roi et ses magasins d'armes et de munitions, ainsi que ses trésors. A ce moment, le bâtiment transversal de la cour intérieure n'avait pas l'importance qu'il a acquise depuis; mais il était séparé de la grande cour, et c'est sur ce point que, plus tard, on a élevé le dernier bâtiment démoli en 1789. — Nous ne pensons pas qu'on ait dû détruire beaucoup de maisons particulières pour dégager la Bastille; cette circonstance viendrait à l'appui de l'opinion qui affirme l'existence d'un commencement de porte et d'un point fortifié avant l'exécution du dernier plan arrêté par Charles V pour la Bastille.

[1] L'*Enceinte de Charles V* se développe, comme on le voit, autour de la partie septentrionale de la Ville. Elle est composée d'une muraille crénelée, flanquée d'un certain nombre de tours carrées, terrassées et crénelées, avec un fossé simple ou double, suivant les endroits, un chemin de ronde intérieur et des degrés pour les courtines, ainsi qu'un certain nombre de portes que nous allons succinctement décrire. Nous ferons observer immédiatement que, en 1380, toutes ces constructions étaient nouvellement achevées, et que certaines parties même furent terminées seulement quelques années plus tard. — Après la porte *Saint-Antoine*, placée à gauche de la Bastille, on rencontrait, en suivant la muraille : — la porte du *Temple*, avec une seule tour et un pont franchissant le double fossé; — la porte *Saint-Martin*, flanquée de quatre tourelles et avec double pont-levis; — la porte *Saint-Denis*, avec des tourelles en encorbellement et un double pont-levis; elle était précédée d'une haute chaussée maçonnée, qui donnait passage par-dessus le ruisseau des marais; — la porte *Montmartre*, bâtiment carré avec tours; — la porte *Saint-Honoré*, avec ses quatre tourelles; — enfin la porte *de la Seine*, près de la Tour de Bois, ainsi nommée parce qu'elle avait, dans sa partie supérieure, des hourds de défense en bois.

De la Bastille à la pointe de l'île Louviers, alors nommée l'île *de Javiaux* ou *des Javiaux* (terrain d'alluvion), le mur d'enceinte continuait jusqu'à une ancienne tour, nommée *Tour de Billy*, qui paraît avoir existé en cet endroit antérieurement à cette époque : c'était une tour de surveillance. Puis, l'enceinte revenait, en descendant la berge du fleuve, s'arrêter à la *Tour Barbeau*, limite de la vieille muraille de Philippe-Auguste. Dans ce parcours, elle changeait de forme : jusqu'aux Célestins, elle était flanquée de tours carrées, semblables à celles du reste de l'enceinte; après la poterne de ce couvent, elle continuait, surmontée seulement de tourelles saillantes et en encorbellement, qui figuraient de grosses guérites. Des Célestins à la Bastille, le terrain était couvert de hangars et de granges servant de dépôt à l'*artillerie* de la Ville, ce terrain se nommait *le Champ-au-Plâtre*.

[2] La *Tour Barbeau*, ainsi nommée à cause du voisinage du couvent de ce nom, venait, en 1380, d'être réparée; elle était environnée, du côté de terre, de constructions et de logis dont la description est donnée dans un acte de vente ou cession de ce terrain, ainsi que de la tour elle-même, au *physicien Thomas de Pisan*, père de Christine.

[3] A l'époque de la construction de l'enceinte de Charles V, la Ville, sur la rive droite, était encore fermée par la vieille clôture de Philippe-Auguste.

Aa. La Porte Barbette.
Bb. Le Logis d'Orgemont, plus tard les Tournelles (Paris et ses Histor. p. 195), et l'Égout [1].
Cc. L'Hôtel de Saint-Paul [2] (ibid. p. 194).
Dd. L'Hôtel du Roi-de-Sicile [3] (ibid. p. 194).
Ee. La Courtille Barbette.
Ff. La Place de Grève et la Maison-aux-Piliers [4] (ibid. p. 197).

mais entourée et interceptée par des passages, des constructions bourgeoises et religieuses. On peut la suivre facilement, dans les quartiers Saint-Antoine et du Temple, où ses tours s'élevaient au milieu des jardins et des marais. A la rue Saint-Martin, ses deux tours indiquaient l'ancienne porte, à côté de Saint-Julien-des-Ménestriers. De la rue Saint-Martin à la rue Saint-Denis, elle disparaissait pour reparaître dans les îlots, après le cul-de-sac des Peintres. Elle avait, ensuite, pour points de repère l'hôtel de Bourgogne, la poterne d'Artois, les murs et les tours des rues de Grenelle et Coquillière, la porte Saint-Honoré près de l'Oratoire, et enfin le Louvre et la tour du Coin.

[1] Le palais des Tournelles (emplacement de la place Royale actuelle) n'existait pas en 1380; mais on voyait, au delà de l'égout, avec une clôture de murs à tourelles et un grand jardin, un *logis* appartenant à Pierre d'Orgemont, évêque de Paris, qui le vendit au duc de Berry, lequel l'échangea avec le duc d'Orléans, qui, de son côté, le céda au roi Charles VI. En 1380, l'évêque ne possédait point encore le terrain, acquis plus tard des religieux de Sainte-Catherine. Un peu plus loin que le logis d'Orgemont, se trouvait un autre hôtel, qui fut aussi absorbé dans les Tournelles, vers 1415.

[2] L'*hôtel de Saint-Paul*, appelé par Charles V *l'hostel des grands esbattemens*, comprenait un immense terrain entre Saint-Paul, les Célestins, le Champ-au-Plâtre et la rue Saint-Antoine. Il n'était point, ainsi qu'on pourrait le croire, un palais d'un seul tenant, comme les Tuileries ou le Louvre, mais un amas de maisons plus ou moins grandes, que le roi achetait quand l'occasion s'en présentait, et qu'il appropriait ensuite, en laissant subsister certaines servitudes et certaines enclaves. Ainsi, du côté du cimetière Saint-Éloy, derrière l'église Saint-Paul, se trouvait, en 1362, l'ancien hôtel des abbés de Saint-Maur, que Charles V nomma *l'hôtel de la Conciergerie*, et qui couvrait tout le terrain entre Saint-Paul et la rue des Lions; le Roi y construisit des logements pour plusieurs seigneurs. Il avait acquis, en outre, alors qu'il n'était encore que dau-

phin, l'hôtel d'Étampes, qui s'étendait de la rue Saint-Antoine aux jardins de l'archevêque de Sens. Il y ajouta les hôtels de Pute-y-Muce et de Beautreillis. On comprend que, ces hôtels n'ayant jamais été réellement réunis, il fut facile de les aliéner dans le siècle suivant, malgré la défense expresse faite par Charles V, en 1364. La principale entrée de l'hôtel Saint-Paul se trouvait du côté du quai des Célestins; mais, avec les dispositions variées, propres aux diverses parties qui composaient l'ensemble de cette immense propriété, il est indubitable que chaque hôtel particulier avait sa porte dans les rues qui l'entouraient. La ménagerie se trouvait dans la rue des Lions.

[3] L'*hôtel du Roi-de-Sicile*, qui a donné son nom à la rue, se trouvait sur l'emplacement actuel de la rue Malher; la partie de cette voie moderne qui touche à la rue Saint-Antoine portait le nom de *rue des Ballets*. Charles, roi de Sicile, frère de saint Louis, habitait cet hôtel et lui a fait donner le nom qu'il a toujours porté. Le comte d'Alençon le possédait en 1380. Les jardins de cet hôtel s'étendaient jusqu'à l'enceinte de Philippe-Auguste, et, plus tard, on y perça une porte pour aller à la lice des tournois de la culture Sainte-Catherine. Cet hôtel datait du XIIIe siècle; sur son emplacement s'éleva plus tard l'hôtel de la Force.

[4] *La place de Grève* était anciennement le lieu où se tenait le *marché*, ce qui, à notre avis, n'empêchait pas le grand marché d'approvisionnement des Champeaux, hors les murs. On pourrait supposer que le roi aurait voulu supprimer cette place, car on connaît la supplique des bourgeois de ce quartier au roi Louis le Jeune, pour obtenir que ce lieu ne serait jamais bâti. Voici quels étaient les marchés de Paris : la Grève pour la Ville de la rive droite, la place Maubert pour l'Université, le marché Palu et le marché Neuf pour la Cité, et enfin le marché Saint-Germain pour le bourg de l'abbaye de ce nom ; sur ces quatre places on vendait les denrées et l'on exécutait les criminels. Les halles des Champeaux étaient et demeurèrent le marché d'approvisionnement, exempt de certaines

Gg. Le Grand-Châtelet (*Paris et ses Histor.* p. 197) et la Pierre-à-Poisson [1] (*ibid.* p. 197).
Hh. Le Couvent des Filles-Dieu (*ibid.* p. 188) et ses jardins hors des murs [2].

taxes imposées sur les autres marchés de détail. C'est ce qui se pratique encore dans Paris. La Grève était, en outre, un port où l'on déchargeait aussi du vin, car, en 1357, la *Boîte du vin* était en Grève. En 1380, il y avait, du côté de la rivière, un mur de soutènement, une croix et une sorte de bureau du marché.

La *Maison-aux-Piliers*, berceau de l'Hôtel de Ville actuel, se trouvait sur ce même emplacement. C'était une grande maison, située du côté oriental de la place. Elle avait appartenu à Cluin, chanoine de Notre-Dame, à Philippe-Auguste, aux deux derniers dauphins de Viennois, à Charles de France, qui la donna à Jean d'Auxerre, receveur de la Prévôté. La Ville l'acquit de ce dernier personnage. On l'agrandit par diverses acquisitions de maisons voisines, tant sur la place que sur les derrières, de sorte que, en 1380, elle était circonscrite par la rue du Martroi, la rue devant Saint-Jean-en-Grève, et la ruelle ou passage qui la séparait de l'hôpital du Saint-Esprit, établi vers 1362. Le nom de *Maison-aux-Piliers* lui fut donné, à cause de la ligne de piliers formant galerie et soutenant les étages supérieurs, comme les autres maisons de la place et comme les piliers des Halles; c'était un mode de construction fort en vogue à cette époque. Les piliers étaient ronds, en pierre, avec un chapeau plutôt qu'un chapiteau supportant les pièces de charpente des pans de bois du dessus. On voit encore des piliers de ce genre sur la place de Beauvais; ils sont couverts de losanges richement sculptés, avec des fleurs de lis dans chaque compartiment. Il est plus que probable que la *Maison-aux-Piliers* de la Grève avait ses piliers ornés de la même manière. Ce n'est qu'en 1533 que l'on commença à bâtir l'édifice de l'Hôtel de Ville, lequel, après avoir été considérablement agrandi, occupe encore aujourd'hui le centre de l'îlot.

Avant que la *Maison-aux-Piliers* fût achetée, les assemblées des bourgeois et commerçants notables de la Ville avaient lieu : 1° à la Vallée de Misère, dans la *Maison de la Marchandise;* 2° près de Saint-Leufroy et du Grand-Châtelet, dans un local nommé *le Parlouer-aux-Bourgeois;* 3° dans le bâtiment touchant aux murs d'enceinte, près la porte Saint-Michel, derrière les Jacobins, et qu'on nommait aussi *le Parloir-aux-Bourgeois.* — Nous ferons remarquer que, antérieurement à la *Maison-aux-Pi-*

liers, les locaux affectés aux réunions des bourgeois appartenaient tous aux terrains des fortifications.

[1] Nous n'établirons ici ni l'antiquité du *Grand-Châtelet*, ni sa destination, ni l'époque où il fut accompagné du Pont-au-Change; il suffit de constater qu'il existait en 1380 et qu'il avait été agrandi. Il était le siège de la Prévôté de Paris. Les bâtiments, en assez mauvais état au commencement du xv° siècle, durent être reconstruits en grande partie. Cette forteresse donnait sur le quai, en face du Pont-au-Change, et se trouvait contournée par la rue de la Pierre-à-Poisson, la rue de la Triperie et la ruelle Saint-Leufroy, ou plutôt la rue de la Jouaillerie. Derrière s'étendait la Grande-Boucherie, qui, paraît-il, tenait d'abord au Châtelet, et fut rebâtie au xv° siècle. — Le long de la rue Pierre-à-Poisson se trouvaient des pierres plates et polies, sur lesquelles on étalait le poisson. La rue Saint-Leufroy passait sous l'arche du Châtelet.

L'ancienne *Maison de la Marchandise* devait se trouver dans l'îlot compris entre la rue Pierre-à-Poisson et la rue de la Saunerie, à l'occident du Châtelet. L'édifice appelé *le Parloir* était de l'autre côté, tout près de Saint-Leufroy, puisque l'emplacement de la chapelle avait été pris en partie sur ce Parloir.

Aujourd'hui, l'emplacement de l'ancienne forteresse est devenu la place du Châtelet; il comprend, en outre, les deux théâtres, la Chambre des notaires, la rue Saint-Denis et le boulevard y aboutissant, des deux côtés. Une fontaine monumentale est placée au milieu.

[2] Le *couvent des Filles-Dieu* remonte au xiii° siècle. En 1350, les religieuses avaient obtenu diverses propriétés nécessaires à l'agrandissement de leurs maisons, et, quand on creusa à la hâte les fossés et arrière-fossés, après la bataille de Poitiers, elles durent abandonner leur *Couture*, qui fut coupée, et elles se retirèrent près de la porte Saint-Denis. Leur enclos allait jusqu'à l'égout, et comprenait l'espace que nous voyons aujourd'hui occupé par le passage du Caire, les rues des Filles-Dieu, du Caire, etc. jusqu'à la cour *des Miracles*. On voit que, en 1380, elles avaient seulement les maisons qui leur avaient été cédées par l'évêque de Paris, et que leur ancienne maison avait été détruite pour laisser passer d'abord les fossés, puis les murailles de l'enceinte de Charles V.

LÉGENDE DU PLAN.

Ii. L'Hôtel de Bourgogne [1] (*Paris et ses Histor.* p. 195).
Jj. L'Hôtel d'Artois (*ibid.* p. 195).
Kk. L'Hôtel de Bourbon [2] (*ibid.* p. 194).
Ll. L'Hôtel d'Alençon [3] (*ibid.* p. 196).
Mm. Le Couvent des Filles-Repenties, Hôtel de Bohême [4].

2° RUES.

1. Rue Saint-Honoré [5] (*Paris et ses Histor.* p. 205).
2. Les Quinze-Vingts (*ibid.* p. 187).
3. Saint-Thomas-du-Louvre, église [*Les colléges de Louvres*] (*ibid.* p. 188).

[1] L'*hôtel de Bourgogne* et celui *d'Artois* occupaient, en 1380, tout le pâté de maisons compris entre la rue Mauconseil, la rue Pavée et la rue du Petit-Lion, derrière Saint-Jacques de l'Hôpital. Il était, au XIIIᵉ siècle, limité par l'enceinte de Philippe-Auguste, et portait le nom d'*Artois*. La fausse porte, dite *du Comte d'Artois*, dans la rue du même nom (aujourd'hui la partie basse de la rue Montorgueil) indique bien que l'hôtel avait cette rue pour limite occidentale. Il fut agrandi de l'autre côté, et se développa au delà du mur, quand celui-ci devint inutile, par suite de la construction de l'enceinte de Charles V. Il y avait donc, en 1380, un hôtel dans l'îlot coupé plus tard par la rue Françoise, et l'on commençait alors à bâtir la partie que nous appelons, de préférence, *hôtel de Bourgogne*, partie comprise entre la rue du Petit-Lion et celle de Mauconseil, et où, plus tard, fut élevée cette tour carrée que le percement de la rue aux Ours a récemment mise à découvert. L'hôtel de Bourgogne fut élevé sur les murs d'un autre hôtel plus ancien, et en emprunta probablement quelques dispositions.

[2] L'*hôtel de Bourbon* ou *du Petit-Bourbon* existait encore quand Louis XIV fit bâtir par Perrault la façade de la colonnade; on dut donc démolir les îlots de maison qui bordaient les rues comprises entre le vieux palais et Saint-Germain-l'Auxerrois. Sur le quai existait, dès Philippe-Auguste, un petit hôtel qui s'agrandit successivement en englobant les maisons voisines et la *voirie de l'Évêque* (1390). Il résulta de ces différentes acquisitions que l'hôtel de Bourbon n'avançait pas, en 1380, comme cela eut lieu dix ans plus tard, sur la place qui s'étendait devant la porte du Louvre, près de la tour *du Coin*, et jusqu'à la Seine, parce que cet emplacement appartenait à l'évêque. La chapelle venait à peine d'être bâtie, mais la grande salle l'était déjà. La petite rue n'existait point encore entre l'hôtel et les autres maisons de l'îlot, et l'on remarquait aussi quelques enclaves, du côté de la rue des Poulies. (Voir le tome Iᵉʳ de la *Topographie historique du Vieux Paris*.)

[3] En 1380, le grand *hôtel d'Alençon* était divisé en deux parties, donnant l'une sur la rue d'Autriche et l'autre sur la rue des Poulies; il avait emprunté son nom au cinquième fils de saint Louis. Quoiqu'il renfermât un espace considérable, il avait encore été plus vaste en 1250, quand le frère de saint Louis, comte de Poitiers, acheta plusieurs maisons pour l'élargir. Enguerrand de Marigny le posséda aussi. Du côté du Louvre s'étendait aussi une portion de cet hôtel. — Vis-à-vis de l'hôtel d'Alençon se trouvaient l'*hôtel de Clèves* et plusieurs autres hôtels, divisés depuis, dont le détail se trouve dans le tome Iᵉʳ de la *Topographie historique*.

[4] Le *couvent des Filles-Repenties* ou *Pénitentes* (Halle au blé actuelle) était, en 1380, l'*hôtel de Bahaigne* ou *de Bohême*, et devint, sous Charles VI, la propriété du duc d'Orléans. Il était limité, à ce moment, par l'enceinte de Philippe-Auguste, près de la porte Coquillière, par la rue des Haches et la rue de Nesle ou Néele, ancien nom de cet hôtel. On y voyait une chapelle.

[5] En 1380, la rue *Saint-Honoré* proprement dite commençait à la porte de ce nom, appartenant à l'enceinte de Philippe-Auguste, et se continuait, en traversant la seconde porte (celle de Charles V), sous le vocable de rue *du Faubourg-Saint-Honoré*. Dans la partie qui s'étend de l'Oratoire à la rue de la Ferronnerie, elle empruntait son nom à la *Croix du Tiroir* ou *du Trahoir;* entre la rue de l'Arbre-Sec et celle des Prouvaires, on l'appelait rue *du Château-Fêtu*. La dénomination de *Croix-du-Trahoir* était la plus connue à l'époque dont nous nous occupons; elle désignait une croix placée au milieu de la rue de l'Arbre-Sec, à l'évasement que forme

4. Rue de l'Autriche ou d'Haute-Riche [1] (*Paris et ses Histor.* p. 205).
5. Rue des Poulies, de la Seine à la rue Saint-Honoré.
6. Rue des Fossés-Saint-Germain-l'Auxerrois, de la rue des Poulies à celle de l'Arbre-Sec.
7. La Croix-du-Trahoir ou du Tirouer [2] (*ibid.* p. 205).
8. Rue de l'Arbre-Sec (*ibid.* p. 205).
9. Rue des Bourdonnais (*ibid.* p. 203) et rue Thibault-aux-Dez [3] (*ibid.* p. 204).

cette voie en se perdant dans la rue Saint-Honoré, à peu près en face de la fontaine actuelle de l'Arbre-Sec.

L'appellation que la rue a conservée jusqu'à nos jours est due à l'église collégiale de Saint-Honoré, qui était située entre la rue Croix-des-Petits-Champs et celle des Bons-Enfants, et qui occupait une partie de la cour appelée aujourd'hui *Cloître Saint-Honoré*. Elle remontait au XIII° siècle.

[1] La rue *d'Autriche*, *Autruche* ou *Osteriche*, s'étendait du quai du Louvre à la rue Saint-Honoré, et comprenait ainsi l'emplacement de la rue qu'on nomme aujourd'hui *de l'Oratoire*. Elle longeait les murs de Philippe-Auguste et le côté oriental du Louvre. La proximité du château avait engagé les grands seigneurs à y bâtir des hôtels magnifiques. Aujourd'hui elle a disparu presque complétement; depuis que Louis XIV a fait bâtir la colonnade, il n'en reste que le tronçon portant le nom de rue de l'Oratoire.

[2] A la rencontre de la rue Saint-Honoré et de celle de l'Arbre-Sec, qui vient du quai de l'École, on voyait une fontaine et une croix, au milieu de l'évasement de la rue de l'Arbre-Sec; cet endroit, où se tenait une sorte de marché, était une des places de la justice de l'évêque de Paris. On a donné une foule de noms différents à cette croix, et cependant tous ont évidemment la même origine; c'est la prononciation seule qui les a déformés. On dit *Trahoir*, et on l'écrit de quatre façons différentes; on dit également *Tiroir*, et on l'écrit aussi de diverses manières; en latin on écrivait: *Crux Tractorii*, *Crux Tiratorii*. Au fond de ces mots d'aspect dissemblable, il reste toujours le sens de *trahere*, *tirer*; c'est pourquoi certains auteurs ont pensé que c'était le lieu où l'on *écartelait* les criminels; interprétation qui n'a rien d'improbable. La croix a disparu; la fontaine est à l'angle de la rue Saint-Honoré.

[3] La rue *des Bourdonnais* commençait, en 1380, à la rue de Béthisy, et finissait à la rue Saint-Honoré; elle était la continuation de la rue *Thibault-aux-Dez*, qui descend à la rivière. Dans cette rue se trouvaient plusieurs belles maisons, mais principalement une, située du côté occidental, qui appartenait à Philippe, frère du roi Jean, lequel l'agrandit en achetant une maison voisine, et la vendit à Guy de la Trémouille. L'hôtel ainsi composé s'étendait, le long de la rue de Béthisy, jusqu'à la rue Tirechappe, et, sur la rue des Bourdonnais, jusqu'à un passage ou cour qui formait sa limite. Il y avait, au coin des deux rues et vers le passage, de petites maisons en location qui faisaient partie du fonds. C'était la maison seigneuriale des La Trémouille. Au XV° siècle, l'hôtel fut reconstruit avec un luxe qui en fit un véritable monument. Au XVII°, on l'appelait *la Maison de la Couronne-d'Or*, à cause de son enseigne; plus anciennement, on la nommait *la Maison des Carneaux*, à cause des créneaux qui couronnaient les murs de clôture. La disposition était à peu près semblable à celle de l'hôtel de Cluny.

Sur le côté oriental se trouvait, au XVI° siècle, l'*hôtel de Villeroy*, qui avait été formé d'une maison du XIII°, avec d'autres propriétés voisines occupant, en 1380, la moitié de l'espace compris entre la rue de la Limace et celle des Mauvaises-Paroles.

En face de cet hôtel, sur le côté occidental de la rue, il existait, en 1380, une sorte de cul-de-sac appelé *la Fosse aux Chiens*, qui avait servi de voirie lors de la première enceinte, et qui était devenu ensuite un marché aux pourceaux. (Voir dans *Paris et ses Histor.* la description qu'en donne Raoul de Presles.) Ces îlots, voisins des Halles, étaient un réseau inextricable de ruelles, de places, de culs-de-sac et de passages d'allées à travers les maisons. Le quartier actuel, de la rue Beaubourg à Saint-Merry, peut seul en donner une idée.

La rue *Thibault-aux-Dez* commence à la rue Saint-Germain-l'Auxerrois, et finit où commence la rue des Bourdonnais. En 1313, on l'écrivait ainsi, mais, plus tard, on a cherché bien loin pour y voir un nom autre que celui-ci, lequel est cependant tout à fait d'accord avec les habitudes du temps. D'ailleurs un compte de 1295 dit : *Vicus Theobaldi ad Talos*. Cette rue allait, en descendant, jusqu'à l'arche *Marion*, qui la conduisait à la rivière, et

LÉGENDE DU PLAN.

10. Rue de Saint-Germain-l'Auxerrois (*Paris et ses Histor.* p. 202).
11. Rue des Lavandières-Sainte-Opportune (*ibid.* p. 202).
12. Rue des Petits-Champs [1].
13. Rue de Guernelle ou de Grenelle; entre deux, rue du Poilaucon (*Pélican*) [2].
14. Rue d'Orléans et Hôtel de Nesle ou Neele (*ibid.* p. 205).
15. Rue des Prouvelles (*ibid.* p. 199).
16. Rue Coquillière, de la porte Coquillière au carrefour Saint-Eustache.
17. Rue Pagevin et du Petit-Reposoir.
18. Rue Quoquehéron (*Coq-Héron*) [3].
19. Rue de la Plâtrière, de la rue de Grenelle à la rue Montmartre.
20. Rue Montmartre [4] (*ibid.* p. 206).
21. Rue de la Comtesse-d'Artois [5].

s'appelait, vers le XIIIe siècle, *l'abreuvoir Thibault-aux-Dez*, lorsque l'arche portant le chemin du quai n'était pas encore construite. Au reste, il est à remarquer que la rue Saint-Germain-l'Auxerrois, parallèle au cours de la rivière, était la voie qu'on suivait habituellement; on ne voyait sur les berges que les mariniers et les déchargeurs. Avant le XIVe siècle, le quai n'était guère praticable pour les piétons et les voitures.

[1] Ce nom de *Petits-Champs* était appliqué dans ce quartier à plusieurs rues: d'abord à celle qui va de la rue Saint-Honoré à la place des Victoires, et qui se nommait rue *Croix-des-Petits-Champs*, hors de l'enceinte de Philippe-Auguste; puis à la rue de la Vrillière, qui s'appelait également rue *des Petits-Champs*, et enfin à la rue *Neuve-des-Petits-Champs*, qui s'ouvrit plus tard et prit ce nom à mesure qu'elle s'étendait. En 1380, cette rue s'arrêtait aux murailles de Charles V.

Nous croyons que ce nom de *Petits-Champs* (*Campelli*), donné alors aux terres cultivées qui s'étendaient du Louvre au Temple, entre la Ville et la ceinture de marais qui suivait le cours des ruisseaux de Mesnilmontant et de l'égout, provenait d'une certaine opposition de mots et d'idée entre les champs peu étendus situés *en deçà* du marais et les grands champs qui s'étendaient *au delà*. Le mode de culture n'était pas le même, on le voit, dans les temps antérieurs au XIIe siècle.

[2] La rue *de Grenelle* ou *de Guernelle* va de la rue Saint-Honoré à la rue Coquillière. Elle suivait la direction des fossés de l'enceinte de Philippe-Auguste, alors noyée dans les maisons. Ce quartier se peupla dès que l'enceinte de Philippe-Auguste eut été abandonnée. La rue du Pélican était un dégagement, de la rue de Grenelle à celle des Petits-Champs; elle était occupée et l'est encore par des lupanars. Au moyen âge, où l'on avait l'habitude de parquer les métiers dans certaines rues ou dans certains quartiers, selon leur importance, on ne manquait pas d'affecter aux filles de joie des rues, des cours, d'où elles ne pouvaient sortir seules, et ces rues ont conservé généralement la même destination. Celle-ci était l'une des plus sordides, à cause de son voisinage des faubourgs.

La rue Pagevin existait au XIVe siècle avec la même destination, et portait le nom expressif de rue *Breneuse*.

[3] La rue *Coq-Héron* était un cul-de-sac, au XIIIe siècle. Dans le cartulaire de l'Évêché on trouve, en 1298: *Ruella sine capite que vocatur Quoqueheron*. La rue du Bouloi fut ouverte plus tard.

[4] Cette rue a toujours été l'une des principales de la rive droite, parce qu'elle débouchait sur les *Champeaux* (les Halles) et y conduisait les maraîchers des Porcherons et de la Culture-l'Évêque; elle a toujours conservé cette activité de transports. Elle part de la pointe Saint-Eustache et garde son nom jusqu'au boulevard. Sa direction a bien peu changé; les rectifications n'ont porté que sur les alignements. En 1380, elle finissait à la porte Montmartre, placée auprès de la rue des Jeûneurs et de la rue Notre-Dame-des-Victoires, qui fait encore un coude en cet endroit. La porte de Philippe-Auguste se trouvait à la rue des Fossés-Montmartre, et l'on peut encore suivre la trace de cette enceinte par les impasses et les dépressions de terrain à l'intérieur.

[5] La rue *Comtesse-d'Artois* s'étendait de la Halle à la poterne du même nom, au coin de la rue Pavée, ou plutôt du cul-de-sac *de la Bouteille*, placé du côté occidental de la rue. Cette poterne, ouverte dans le mur d'enceinte, à côté d'une tour, demeura assez longtemps debout, et fut démolie sur la de-

22. Rue de Montorgueil.
23. Rue Saint-Sauveur.
24. Rue du Petit-Lion, à côté, rue Tirevit ou Tireboudin [1].
25. Rue Pavée.
26. Rue Mauconseil (*Paris et ses Histor.* p. 208).
27. Rue de la Truanderie [2] (*ibid.* p. 208).
28. Rue des Fèves (*ibid.* p. 207).
29. Rue de la Ferronnerie (*ibid.* p. 203).
30. La Grande Rue Saint-Denis [3] (*ibid.* p. 208).
31. Le Ponceau.

mande des bourgeois. Aujourd'hui, la rue porte le nom de Montorgueil dans toute sa longueur, de la rue Saint-Sauveur aux Halles.

[1] La rue *du Petit-Lion* est une continuation de la rue Pavée; mais, de nos jours, le premier nom a été étendu aux deux rues. La direction des voies publiques de cette région marque celle de l'ancienne enceinte. Tout ce quartier était déjà bâti au moment où les rois pensèrent à le protéger contre les Anglais, en creusant les doubles fossés, qui déterminèrent ensuite le tracé de la muraille d'enceinte de Charles V. Le voisinage des Halles l'avait peuplé d'hôtelleries, de repaires de toutes sortes, de tripots et de lupanars. La rue à laquelle on donne aujourd'hui le nom de *Marie-Stuart*, et qui aboutit au passage du Grand-Cerf, s'appelait, au xve siècle, rue *Tireboudin*, sorte d'adoucissement de la dénomination qu'elle portait auparavant. Entre la rue du Petit-Lion et la rue Thévenot, qui y finissait, il y avait, en 1371, une rue nommée depuis *des Deux-Portes* ou *Entre-deux-Portes* : elle s'arrêtait alors à la rue Saint-Sauveur, et portait un nom très-indécent.

Ces rues étaient, en général, fermées la nuit, et les femmes y étaient littéralement emprisonnées. Le quartier, du reste, était mal hanté, car il y avait, à droite de la rue du Petit-Carreau, une cour, qui existe encore, et qui a conservé son nom de *Cour des Miracles*. C'était un lieu *franc*, pour les mendiants et les prostituées de bas étage. Le commencement de la rue Poissonnière portait aussi un nom bien expressif : on l'appelait *le Champ-aux-Femmes*. La rue des Filles-Dieu et celles qui l'avoisinent étaient aussi des repaires de ce genre. Elles ont conservé quelque chose de leur physionomie particulière.

[2] Des deux rues *de la Grande* et *Petite-Truanderie*, la première allait de la rue Comtesse-d'Artois à la rue Saint-Denis, et l'autre, partant de la rue *Maudétour* et continuant la rue *Pirouette*, venait se perdre dans la première, à l'endroit où se trouvait le *Puits d'Amour* (puits public). Ce carrefour formait la première entrée des *Champeaux*, et c'était là que l'on percevait le droit d'entrée. Les maisons étaient donc d'abord occupées par des collecteurs de taxes. On prend généralement le mot *truand* ou *truhan* dans son acception de *gueux*, ou *mauvais mendiant*; mais il pourrait en avoir une autre, *tru*, *truage*, qui signifie *tribut*, *impôt*, et ce serait peut être le cas de l'appliquer ici. Après tout, il est bien possible que ces rues aient mérité, par leur population, le nom que le moyen âge leur a donné. Elles étaient encore intactes il y a un an; mais elles vont disparaître.

[3] La rue *Saint-Denis* commence au Châtelet et finit à la porte Saint-Denis appartenant à l'enceinte de Charles V; l'autre partie se nommait la rue du Faubourg-Saint-Denis. Elle a porté le nom de *Grant Rue*, la *Grand'Rue de Paris* (1310), la *Grant Chaussiée Monseigneur-Saint-Denis*, et *Grand'Rue Saint-Denis*. Elle prenait d'autres noms, le long de son parcours, selon les corps de métiers qui y tenaient boutique. Les chartes et les cartulaires, ou censiers, sont les seuls documents où l'on puisse voir ces différentes dénominations fixées d'une manière sûre; mais le peuple ne s'astreignait à aucune règle. Pour lui, la rue Saint-Denis s'entendait de la voie qui conduisait à Saint-Denis; il en désignait les diverses sections par des noms de marchandises et de professions : la *Poulaillerie*, où l'on vendait la volaille, la *Heaumerie*, où l'on achetait les heaumes, etc.

La première porte Saint-Denis était celle de la rue des Lombards (*Porte-Paris*); la deuxième, celle de Philippe-Auguste, à la hauteur du cul-de-sac de la Porte-aux-Peintres, lequel existe encore près de l'ancienne rue du Petit-Hurleur; la troisième, celle de 1380, à la rue Bourbon-Villeneuve (*d'Aboukir*). Le Grand Égout traversait la rue Saint-Denis au droit de la rue *du Ponceau*, qui tirait son nom de cette circonstance.

LÉGENDE DU PLAN.

32. Rue Saint-Martin et rue des Petits-Champs [1] (*Paris et ses Histor.* p. 209).
33. Rue Beaubourg (*ibid.* p. 209).
34. Rue Transnonnain [2].
35. Rue du Temple (*ibid.* p. 213).
36. Rue Barre-du-Bec et Sainte-Avoie [3] (*ibid.* p. 214).
37. Rue Vieille-du-Temple (*ibid.* p. 216).
38. Rue des Barres, de la place Baudoyer à la Mortellerie.
39. La Porte Baudéer [*Baudoyer*] [4] (*ibid.* p. 201).

[1] La rue *Saint-Martin* commençait au coin des rues de la Verrerie et des Lombards, et finissait à la porte Saint-Martin de l'enceinte de Charles V, c'est-à-dire à l'impasse de la Planchette. Le reste de la rue, du côté de la Seine, était divisé en deux parties : la rue *des Arcis*, ou *Arsis*, et *la Planche-Mibray*. La rue Saint-Martin tire son nom de l'abbaye, puis prieuré de Saint-Martin-des-Champs, dont les bâtiments existent encore. Ici se montre de nouveau l'emploi de ce nom de *Petits-Champs*, dont nous avons parlé plus haut : entre la rue Saint-Martin et la rue Beaubourg il existe une ruelle qui porte ce nom. C'est une preuve de plus de la distinction qu'on faisait, au moyen âge, entre ces territoires. — De l'autre côté de Saint-Julien se trouve une autre ruelle tortueuse, qu'on appelle la *Cour du More;* elle était sans doute fermée anciennement; on l'a aussi nommée rue *Jehan-Palée*.

Cette région est le centre du *Beau-Bourg*, qui dépendait de Saint-Martin. A peu de distance de ces ruelles s'ouvrait, en effet, la poterne ou fausse-porte *Nicolas-Huidelon*, percée dans la muraille de Philippe-Auguste. On voit encore un coude à cet endroit, et tout ce quartier a conservé sa physionomie du moyen âge.

[2] La rue *Transnonnain* ou *Trace-Nonnain*, qu'on a quelquefois désignée d'une façon moins honnête, est la continuation de la rue Beaubourg, et a été bâtie un peu plus tard. En 1323, elle s'appelait rue *de Châlons*, à cause de l'hôtel de l'évêque de Châlons, qui se trouvait entre la rue Chapon et la rue de Montmorency, en face du cimetière Saint-Nicolas. Les maisons de cette rue et de la rue Chapon étaient occupées par des femmes de mauvaise vie, qui ont fait donner, par le peuple, des noms malsonnants à ces rues et à ce quartier. Toutes ces dépendances de Saint-Martin-des-Champs ont été souvent ravagées; au xiv° siècle, il restait encore bien des ruines à relever, et bien des terrains cultivés, là où l'on avait vu des rues et des maisons.

[3] La rue *Barre-du-Bec*, qui fait aujourd'hui partie de la rue du Temple, ne s'étendait, il y a une vingtaine d'années, que de la rue de la Verrerie à celle de Sainte-Croix-de-la-Bretonnerie, où elle était continuée par la rue *Sainte-Avoie*, qui s'arrêtait à la rue Michel-le-Comte, et poursuivait son parcours sous le nom de rue *du Temple*. C'est l'application du système des tronçons, qui avait pour but, avant l'usage des numéros, de faciliter la recherche d'une maison. La rue de la Verrerie était alors une grande artère, et il fallait, pour parvenir à la Grève, franchir des ruelles comme celles *des Coquilles* ou *du Coq*, qui n'étaient pas même dans l'axe de la rue principale. Il y a peut-être là un indice du passage de la première enceinte de la Ville.

La rue Barre-du-Bec dépendait de l'abbaye du Bec. Il est à croire que son nom lui venait de la *barre* (*barra curiæ*) du siége de la justice de l'abbé du Bec, qui se trouvait dans cette rue. (Voir les *Barres* Saint-Merry.)

La rue *Sainte-Avoie* portait anciennement le nom de *Grande Rue du Temple*. Il y avait, dans cette rue, une ruelle du *Four du Temple*, qui se trouvait près de la maison de la Barre et de la rue Sainte-Croix. Elle tirait son nom des Filles de Sainte-Avoie, dont le couvent se trouvait à peu près au coin de la rue du Temple et de la rue Rambuteau actuelle. Il existe encore un passage Saint-Avoie.

[4] La place *Baudoyer*, ou *Baudéer*, se trouvait à la pointe du Pourtour Saint-Gervais, à la rencontre de la rue de la Tixeranderie, de la rue des Barres et de celle du Marché-Saint-Jean, appelée *Renaud-le-Febvre*. Selon toute probabilité, elle occupait l'emplacement de la porte Baudoyer, qui, au xiii° siècle, se nommait en latin *Porta Balderii*, *Baldeoricus*, *Baudeti* (porte Baudet). Elle devait être la porte orientale de l'enceinte primitive, dont la *Porte-Paris* fermait la partie occidentale. Au reste, la porte de Philippe-Auguste, qui se trouvait dans la rue Saint-Antoine, à la hauteur de l'église Saint-Paul actuelle, portait ce même nom de porte *Baudet* ou

40. Rue Saint-Antoine, de la rue Geoffroy-l'Asnier à la Bastille.
41. Rue Saint-Paul, de la rue Saint-Antoine au quai des Célestins.
42. Rue de la Mortellerie [1] (*Paris et ses Histor.* p. 217).
43. Le Port-au-Bled et le chemin des Merrains.
44. Rue du Martroi (*ibid.* p. 214), de la place de Grève à la ruelle de la Levrette, près Saint-Jean.
45. Rue du Pet-au-Diable [2] (*ibid.* p. 201).
46. Rue de la Tixeranderie (*ibid.* p. 215), du carrefour Guillori à la place Baudoyer.
47. Rue de la Verrerie ou Voirrie (*ibid.* p. 201), de la rue Saint-Martin au marché Saint-Jean.
48. Rue Neuve-Saint-Merry ou Saint-Médéric (*ibid.* p. 212).
49. Rue Sainte-Croix-de-la-Bretonnerie (*ibid.* p. 213), de la rue Sainte-Avoie à la rue Vieille-du-Temple.
50. Rue du Chaume, de la rue des Blancs-Manteaux à la rue des Vieilles-Haudriettes.
51. Rue de l'Homme-Armé [3] (*ibid.* p. 213).
52. Rue Sainte-Catherine, de la rue Pavée à la rue de l'Égout (*de Turenne*).
53. Rue du Figuier [4].

Baudoyer. On l'a placée au droit de la rue Geoffroy-l'Asnier. En effet, de la place Baudoyer à la rencontre de cette rue, on disait aussi *vicus Balderii*. C'était de là que partait la *Grande Rue Saint-Antoine*.

[1] La rue *de la Mortellerie* devait son nom aux *morteliers* qui l'habitaient et qui étaient les plâtreurs de ce temps-là. En 1212, elle est appelée *Mortellaria*. Cette rue, parallèle à la Seine, commençait à la Grève et finissait au carrefour formé par les rues du Figuier, du Fauconnier et des Barrés, près de l'Ave-Maria. Elle était, à l'est, par rapport aux rues centrales Saint-Denis et Saint-Martin aboutissant aux ponts, dans la même situation que la rue de Saint-Germain-l'Auxerrois, à l'ouest. Elle avait une foule de petites ruelles, donnant accès dans les chantiers du quai; en 1380, le côté droit de cette rue n'était lui-même qu'une enfilade de magasins et de chantiers, le long de la grève du fleuve.

Le *Port-au-Blé* se trouvait auprès de la place de Grève, et le *Port-au-Foin* devant la rue Geoffroy-l'Asnier, qu'on appelait, en 1254, la rue *des Merrains* (*vicus Merrenorum*).

La première ruelle descendant à la Seine était la rue *Étienne-Haudri*, où se trouvait la chapelle *des Haudriettes*, fondée vers 1306, avec un petit hospice à côté. Il ne faut pas croire que le siège de cet établissement ait été transféré, plus tard, dans la rue *des Vieilles-Haudriettes* du Temple. Cette dernière a pris ce nom, parce qu'on y voyait quelques maisons dont les revenus appartenaient à la chapelle de la Grève. — Aujourd'hui, cet emplacement est occupé par le jardin de l'hôtel du Préfet de la Seine, aile méridionale de l'Hôtel de Ville nouveau.

[2] La rue *du Pet-au-Diable* allait de la rue de la Tixeranderie au cloître Saint-Jean-en-Grève. On y voyait autrefois une tour carrée, construite dans la forme propre aux Templiers; elle subsistait encore au siècle dernier. Anciennement, on l'appelait *la Synagogue*, *le Vieux-Temple* et *l'Hôtel du Pet-au-Diable*. Cette tour existait certainement au xiv° siècle, et elle était utilisée. Nous déterminerons ailleurs quelle en était la destination et l'origine. Elle dépendait du couvent du Temple.

[3] La ruelle *de l'Homme-Armé* s'étend de la rue Sainte-Croix-de-la-Bretonnerie à celle des Blancs-Manteaux. Dans cette ruelle, qui existe encore, débouche la rue *du Plâtre*.

[4] La rue *du Figuier* joint la rue des Prêtres-Saint-Paul au carrefour de l'Ave-Maria, où se trouve aujourd'hui l'hôtel de Sens, sur l'emplacement d'un ancien hôtel d'Estomesnil, qui existait à cette place en 1380. La rue *des Prêtres-Saint-Paul*, à la suite de la rue de Jouy, aboutissait à la rue Saint-Paul. Anciennement, la rue de Jouy conservait ce nom jusqu'à la poterne Saint-Paul, pratiquée dans l'enceinte de Philippe-Auguste (1372). De cette rue à la rue Saint-Antoine, il existe une ruelle étroite appelée *la rue Percée*, et dans laquelle les rôles de 1313 mentionnent un hôtel à *l'abbé de Joy*. Charles V donna cette maison à Hugues Aubriot, prévôt des marchands; elle passa ensuite à Pierre de Giac. L'hôtel s'étendait, en 1380, jusqu'aux murs de Philippe-Auguste.

54. Rue des Prêtres-Saint-Paul.
55. Rue des Nonnains-d'Yères (*Paris et ses Histor.* p. 217), de la rue de Jouy au quai des Ormes.
56. Rue Pavée, de la rue Saint-Antoine à celle des Francs-Bourgeois.
57. Rue du Fauconnier, de la rue des Prêtres au carrefour de l'Ave-Maria.
58. Rue des Rosiers (*ibid.* p. 217), de la rue Vieille-du-Temple à celle des Juifs.
59. Rue de Pute-y-Muce [*Petit-Musc*][1] (*ibid.* p. 194 et 216).
60. Rue de Jouï (*ibid.* p. 217), de la rue Saint-Antoine à celle des Prêtres-Saint-Paul.
61. Rue Tiron (*ibid.* p. 216), de la rue Saint-Antoine à la rue du Roi-de-Sicile.
62. Rue des Escouffes (*ibid.* p. 216), de la rue du Roi-de-Sicile à celle des Rosiers.
63. Rue des Juifs, de la rue du Roi-de-Sicile à la rue des Rosiers.
64. Rue du Roi-de-Sicile (*ibid.* p. 216), de la rue Vieille-du-Temple à celle des Ballets.
65. Rue de Paradis, de la rue Vieille-du-Temple à celle du Chaume.
66. Rue Maubué et fontaine de ce nom[2].
67. Rue Simon-le-Franc (*ibid.* p. 212), joignant les rues Maubué et du Poirier à la rue Sainte-Avoie ou du Temple.
68. Rue du Plâtre (*ibid.* p. 213), allant de la rue Sainte-Avoie, ou du Temple, à la ruelle de l'Homme-Armé.
69. Rue Aubry-le-Boucher (*ibid.* p. 210) et église Saint-Josse (*ibid.* p. 185)[3].

[1] La rue *du Petit-Musc*, anciennement *Pute-y-Muce*, va de la rue Saint-Antoine au quai des Célestins; elle existait en 1358, et occupait une partie du *Champ-au-Plâtre*. Un hôtel du Petit-Musc s'étendait jusqu'à la rue de la Cerisaie.

[2] La rue *Maubué* date du XIIe siècle; elle forme la continuation de la rue Simon-le-Franc, à partir de la rue du Poirier. Elle changea de nom au milieu du XIVe siècle, à cause de la fontaine que les religieux de Saint-Martin firent construire au coin de la rue Saint-Martin, et qui existe encore. Ils prirent pour cela l'eau de Belleville, dont ils étaient seigneurs, et l'amenèrent à cette fontaine, ainsi qu'à celle de la rue Grenétat et dans leur couvent. Cette eau n'était pas bonne; c'est pourquoi le peuple lui donna le nom de *Mau-Buée* (mauvaise lessive).

La rue *Simon-le-Franc* est très-ancienne. Un cul-de-sac allant à la rue de Venise portait, dès 1210, le nom de *Byeria*, et ce nom est, dans quelques titres, donné aussi à la rue.

La rue *du Poirier* va de la rue Maubué à la rue Neuve-Saint-Merry : elle est très-étroite. On l'appelait, dès le XIIIe siècle, rue *de la Petite-Boucherie* ou *Bouclerie*; puis, au XVIe siècle, on lui donna le nom de *Baudroirie*, qu'elle portait en même temps que la rue Maubué. Cette confusion de noms est ordinaire, comme nous l'avons déjà dit. On l'a nommée aussi *Espaulard*, ce qui rappelle la petite rue brisée qui y aboutit, et qui porte le nom de rue *Pierre-au-Lard*, ou *Pierre-Aulart*. Cette ruelle part de la rue Neuve-Saint-Merry, et fait un retour d'équerre pour finir à la rue du Poirier. Aussi lui a-t-on souvent donné deux noms : la partie vers Saint-Merry s'appelait, au XIIIe siècle, *vicus Aufridi de Gressibus*, et, au siècle suivant, *Espaulart*; l'autre, vers la rue du Poirier, prenait le nom de *vicus Petri Oilart*. Au XIVe siècle, il y avait, dans cette rue, une maison de retraite pour les pauvres femmes.

Nous expliquons, autant qu'il est possible, tous les noms que les rues peuvent avoir portés, parce que ce point est fort important pour la topographie et pour l'histoire, et que la similitude des noms de rues fort éloignées l'une de l'autre a souvent causé de graves erreurs. Ici, nous faisons remarquer que cette ruelle, qui a conservé son ancien aspect, est évidemment une des nombreuses ruelles de dégagement desservant les maisons situées dans les rues principales, et qu'elle devait changer de nom dans les actes, selon la déclaration des propriétaires nouveaux. Les gens du quartier, seuls, avaient besoin de dénommer une voie sur laquelle ne s'ouvrait aucune porte principale.

[3] La rue *Aubry-le-Boucher* allait de la rue Saint-Denis, vis-à-vis des Innocents, à la rue Saint-Martin, presque en face de la rue Neuve-Saint-Merry. — Aujourd'hui, elle est devenue en grande partie la rue Berger, et il n'en reste plus qu'un tronçon, du boulevard à la rue Saint-Martin. Au XIIIe siècle, on la trouve appelée *vicus Alberici Carnificis*, et il

70. Rue des Cinq-Diamants, de la rue Aubry-le-Boucher à la rue des Lombards.

71. Rue Quinquempoix (*Paris et ses Histor.* p. 209), ou *Quincampoix*, de la rue aux Ours à la rue Aubry-le-Boucher.

72. Rue des Lombards [1] (*ibid.* p. 210).

est tout simple de croire qu'elle avait pris ce nom d'un boucher nommé Aubry. C'était une des rues les plus bruyantes de Paris. Dans cette voie, et à l'angle occidental de la rue Quincampoix, se trouvait la chapelle *Saint-Josse*, qui était fort ancienne et qui dépendait de la cure de Saint-Laurent, ainsi que de la censive de Saint-Martin. Sa construction remontait au xi° siècle.

La rue *Quinquempoix*, qu'on écrit aussi *Quincampoix*, est très-ancienne, et sa situation près des Halles en a toujours fait une rue très-commerçante. La plupart de ses maisons avaient de grandes dépendances et des cours spacieuses, pour loger les rouliers et les marchands forains. On en retrouve encore des restes. Ce que nous savons de l'origine possible de cette dénomination, c'est qu'il existe encore plusieurs localités portant le nom de *Quincampoix* ou *Quinquempoix*, l'une près de Rouen, deux autres dans l'Oise, sans compter une petite rivière en Bretagne. Il y a, sans doute, quelque relation entre ces localités et le nom de la rue parisienne.

A la suite de la rue Quincampoix se trouvait la rue *des Cinq-Diamants*, qui en forme la continuation et qui en a pris récemment le nom. Elle s'appelait, au xiv° siècle, rue *de la Courroierie*; le nom des *Cinq-Diamants*, enseigne d'une maison, ne paraît qu'au xvi° siècle. La rue, ainsi que toutes les ruelles du quartier, était habitée par des joailliers, bijoutiers, polisseurs, lapidaires, etc. et cette industrie y est demeurée depuis longtemps. On a parlé d'un hôtel d'Alençon dans cette rue : cela ne paraît guère possible. Le quartier, comme celui de Beaubourg et de Bourg-l'Abbé, n'était point habité par les seigneurs. Il avait été construit pour des artisans et des marchands, dès l'époque où les Halles commencèrent à prendre de l'importance, et ceci nous reporte aux x° et xi° siècles. La ruelle *Ogniard*, ou *du Haumar*, allait de la rue des Cinq-Diamants à la grande rue Saint-Martin. Ce pâté de maisons s'appelait, au xiv° siècle, *la Vieille-Courairie*, ou plutôt *Courroierie*.

[1] La rue *des Lombards*, qui existe encore, va de la rue Saint-Denis à la rue Saint-Martin. Au xiv° siècle, elle emprunta son nom à des banquiers (et non des usuriers) italiens (*Mercatores transmarini*), venus de la Lombardie pour la plupart, ou de Lucques, pour établir leurs comptoirs au centre du commerce parisien. Auparavant, vers le commencement du xiii° siècle, on la nommait *la Buffeterie* (*vicus Buffeteriæ*). Les banquiers ne vinrent s'établir à Paris qu'au moment où les Croisades eurent accoutumé la nation au change et aux traites; il est donc certain que ce nom de rue *des Lombards* ne fut appliqué qu'au xiii° siècle. Or l'on sait que la rue existait longtemps auparavant, et qu'elle suivait à peu près la première enceinte de la Ville. C'est là qu'était établi le *Poids du Roi*, à proximité de la Porte-Paris et des Halles.

Parallèlement à la rue des Cinq-Diamants, la ruelle *des Trois-Maures* remonte jusqu'à la rue *Troussevache*, qui joint les rues Saint-Denis et des Cinq-Diamants. Avant 1300, cette rue *des Trois-Maures* portait le nom de *Guillaume Josse*. On y voyait une auberge fameuse, dont l'enseigne donna le nom à la rue, et où il paraît que l'on conservait le *vin du Roi*. Quant au mot *Troussevache*, c'était, assure-t-on, le nom d'une famille qui demeurait dans cette rue au xiii° siècle. Nous ne pensons pas, à cause de la disposition de ses maisons et de la nature du quartier, qu'elle ait été une rue à lupanars.

Au sud de la rue des Lombards se trouve un pâté de vieilles maisons, coupé par des ruelles. Là existe, à côté de Sainte-Catherine, la rue *de la Vieille-Monnaie*, où l'on frappait la monnaie du roi, avant le xi° siècle. Du côté de la rue des Arcis se voyaient la *Grande Rue des Marivaux*, allant jusqu'à la rue des Écrivains, vis-à-vis de Saint-Jacques-la-Boucherie, et la *Petite Rue des Marivaux*, aboutissant à la Vieille-Monnaie. Au xiii° siècle, on disait *Marivas*. A l'angle de la grande rue de Marivaux, et en face du portail de Saint-Jacques, se trouvait la maison que Nicolas Flamel habitait au xv° siècle. Une petite rue *des Étuves* allait gagner la rue de la Vieille-Monnaie.

Tout ce quartier était composé de maisons rendues indépendantes les unes des autres par une multitude de passages, de ruelles et de cours toujours ouvertes et toujours fréquentées par les ouvriers. Il est remplacé aujourd'hui par le square de la tour Saint-Jacques, par les rues Nicolas-Flamel, Pernelle et le boulevard de Sébastopol.

73. Rue Troussevache (*Paris et ses Histor.* p. 210), de la rue Saint-Denis à la rue des Cinq-Diamants.
74. Rue de la Limace, joignant la rue des Déchargeurs à celle des Bourdonnais.
75. Rue des Déchargeurs (*ibid.* p. 203), allant de la rue des Mauvaises-Paroles à celle de la Ferronnerie.
76. Rue de la Vannerie (*ibid.* p. 218), de la place de Grève à la rue de la Coutellerie.
77. Rue de la Coutellerie ou des Commanderesses (*ibid.* p. 219), de la rue Jean-de-l'Espine à la rue de la Vannerie.
78. Rue Jean-Pain-Mollet (*ibid.* p. 211), de la rue des Arcis (Saint-Martin) au carrefour Guillori.
79. Rue de l'Espine ou *Jehan-de-l'Espine*, du carrefour Guillori à la Grève.
80. Rue de la Poterie (*ibid.* p. 214), de la rue de la Tixeranderie à la rue de la Verrerie.
81. Rue Saint-Bon (*ibid.* p. 212), de la rue de la Verrerie à la rue Jean-Pain-Mollet.
82. Rue des Arsis [1] (*ibid.* p. 211).
83. Rue Planche-Mibray et la Mégisserie [2] (*ibid.* p. 202).

[1] La rue des *Arcis*, ou *Arsis*, est le tronçon de la rue Saint-Martin qui va de la rue de la Verrerie à la rue de la Vannerie. Au xiiiᵉ siècle, on disait *Magnus vicus qui dicitur des Ars*. En 1304, il y avait, à l'église Saint-Jacques, une ruelle portant le nom de *Richard-Arrode*, et dont l'emplacement a été compris dans l'église. Du côté oriental se trouve une autre ruelle appelée *de la Lanterne*; elle conduisait à la chapelle Saint-Bon.

[2] La rue *de la Planche-Mibray* est le tronçon de la rue Saint-Martin qui aboutit au pont Notre-Dame. En 1300, on disait *le Carrefour de Mibray*, et, plus tard, *les Planches de Mibray*. Au coin de ce carrefour, le *Voyer* de Paris tenait sa Justice. — En face, on voyait deux moulins sur la Seine. Quelques auteurs ont pensé que les passerelles en planches donnant accès à ces moulins avaient pu motiver cette appellation; mais il est plus simple et plus juste de l'attribuer à la longue passerelle en bois qui remplaçait le pont Notre-Dame emporté par une crue du fleuve, et dont René Macé parle dans son poëme, où le mot *bray* est synonyme de *boue*. Il ajoute que les planches de ce côté pouvaient être enlevées pour couper le passage; c'est évidemment la vérité.

Constatons encore ici que la rue *de la Tannerie* allait de la rue Planche-Mibray à la place de Grève, suivant le fleuve, et que, de cette rue à la Seine, il y avait plusieurs ruelles descendant à la berge; elles n'avaient pas de nom, et n'en prirent que quand on y construisit des maisons de quelque importance. Dans les derniers temps, elles avaient été condamnées, mais on les voyait toujours, comme encore aujourd'hui on peut reconnaître celles du quai des Ormes (quai de l'Hôtel-de-Ville). La première, près des moulins, portait le nom de *Jean-le-Forestier*, en 1369; la seconde s'appelait ruelle *de l'Archet*, à cause d'une arche semblable à l'arche Marion; elle continuait la rue des Teinturiers et recevait les eaux des ateliers. La troisième est celle qu'on appelait, en 1307, la ruelle *des Chambres-Maître-Hugues*, trois moulins, situés en face, appartenant à Mᵉ Hugues Restoré. La quatrième ruelle était *la Vieille-Tannerie*, ou rue *Simon-Finet*, nom du xvᵉ siècle. La ruelle des Teinturiers avait un nom peu décent, à cause de sa situation écartée et des besoins qu'on venait y satisfaire.

C'était aux carrefours formés, en place de Grève, par la rue de la Tannerie et celle de la Vannerie, que, dès le xiiiᵉ siècle, les ouvriers et porteurs avaient la coutume de faire *grève*, c'est-à-dire d'attendre l'embauchage des maîtres. On voit, en effet, l'an 1380, que l'architecte Raymond du Temple s'y rendit, pour faire marché de la construction de certains bâtiments au collége de Beauvais. — Le quai qui se trouvait entre le Pont-Notre-Dame et le Pont-au-Change, et qui fut construit, au xviiᵉ siècle, avec des arches laissant aux maisons une sortie sur la rivière, comme on le voyait encore il y a vingt ans, se trouvait autrefois semblable à tous les autres, et descendait en pente à la rivière. C'est pourquoi l'on ne pouvait y arriver par les ponts; la déclivité en aurait été trop rapide. Cette rive, voisine des tanneries, prit le nom de *Mégisserie*, comme l'autre partie du côté occi-

84. Rue des Écrivains (*Paris et ses Histor.* p. 211), de la rue des Arcis à la rue de la Heaumerie.
85. Rue Saint-Jacques-la-Boucherie [1] (*ibid.* p. 211).
86. Rue du Cygne, de la rue Saint-Denis à la rue Maudétour.
87. Place du Chevalier-du-Guet [2].
88. Rue aux Ouës ou aux Ours [3].
89. Rue Bourg-l'Abbé [4] (*ibid.* p. 208).
90. Rue Grenétat, de la rue Saint-Denis à la rue Saint-Martin.
91. Rue Guérin-Boisseau, de la rue Saint-Denis à la rue Saint-Martin.
92. Rue de l'Égout [5].

dental du Pont-au-Change, laquelle se nommait aussi *quai de la Saunerie*, à cause du voisinage du Grenier-à-sel. C'est en 1369 que la *Saunerie* fut endiguée. Au Pont-aux-Meuniers, il y avait un mur escarpé qui empêchait le passage. L'espace compris entre ce point et le quartier Saint-Jacques-la-Boucherie s'appelait communément *la Vallée de Misère*. C'était le faubourg de la première enceinte, près du Châtelet; il avait dû être rançonné et ruiné par les Normands.

[1] Cette rue communiquait de la Porte-Paris à la rue Planche-Mibray; elle passait devant le porche méridional de l'église Saint-Jacques. Au XIVᵉ siècle, on l'appelait rue *Porce-m'en-ving* ou *Porche-Saint-Jacques*; au XIIIᵉ siècle, on la trouve nommée *Vaneria* ou *vicus in Avenaria*. Plus tard, on la nomma rue *du Crucifix-Saint-Jacques*, à cause d'un fief dit *du Crucifix*, qui s'y trouvait. Elle passait le long de la Grande-Boucherie. Ce nom a été donné aussi à la ruelle qui montait de la rue Saint-Jacques à la rue des Écrivains, devant l'église. Le fief du Crucifix avait sa principale maison au coin de la rue Saint-Jacques, et son enseigne était un grand crucifix. — Près de cette rue, et derrière la Boucherie, se trouvait le cul-de-sac *du Chat-Blanc*. Au XIVᵉ siècle, on disait rue *Jehan-Chat-Blanc*.

[2] La *place du Chevalier-du-Guet* se trouvait dans la rue *Perrin-Gasselin*, qui joignait la rue des Lavandières-Sainte-Opportune à la rue Saint-Denis. Ce fut vers 1363 que le roi logea le chevalier du guet dans une grande maison de cette place, et depuis lors seulement le nom a été changé. Tout ce terrain était désigné auparavant par le nom général de *Perrin-Gasselin*. A cette époque, plusieurs ruelles établissaient une communication avec la rue Saint-Germain-l'Auxerrois.

[3] Cette rue aboutit aux rues Saint-Martin et Saint-Denis; elle reçoit, au midi, la rue *Quincampoix* et la rue *Salle-au-Comte*. Son nom, rue *aux Ouës*, lui vient des nombreux rôtisseurs qui l'habitaient et qui y faisaient cuire des *oies*. Au coin de la rue Salle-au-Comte, il y avait une statue de la Vierge qui, au XVᵉ siècle, fut l'objet d'un attentat puni par le dernier supplice. On nommait cette statue *Notre-Dame de la Carole*. Une partie de la rue aux Ours conserve encore l'aspect du moyen âge.

[4] La rue *Bourg-l'Abbé*, qui va de la rue aux Ours à la rue Grenétat, était au centre de ce bourg, qui dépendait de Saint-Martin-des-Champs, et existait, par conséquent, au temps où ce monastère avait le titre d'abbaye. Les bourgs de cette région furent ruinés par les Normands; mais ils se reformèrent. Il est plus naturel d'attribuer le nom dont il s'agit à l'abbé, seigneur du lieu, qu'à l'abbé de Saint-Magloire, qui n'était que voisin.

La rue Bourg-l'Abbé communiquait avec la rue Saint-Martin par la ruelle *du Grand-Hurleur*, qu'on écrit aussi *Hauleu* ou *Huleu*; dans des manuscrits on la désigne aussi sous le nom de rue *du Pet*. Vers la rue Saint-Denis, elle prenait le nom de rue *du Petit-Hurleur*. Cette dernière s'appelait, en 1265, *vicus Johannis Palee*, Jean Palée, fondateur de la Trinité. Quant à l'étymologie *Huē-Leu*, du XIIIᵉ siècle (*Hugonis Lupi*), elle est très-acceptable et semble préférable à celle de *Hurleur* et de *Hue-le*.

La rue *Grenétat*, qu'on écrit aussi *Grenéta*, se dirige, en biaisant, de la rue Saint-Denis à Saint-Martin-des-Champs. Au XIIIᵉ siècle, on la nomma d'*Arnetal*, puis *Garnetal*, etc. Dans cette rue se trouvaient le couvent de la Trinité et une fontaine construite en même temps que celle de la rue Maubué.

[5] La rue *de l'Égout*, ou *des Égouts*, allait de la rue Saint-Martin à la rue *du Ponceau*, qui la continuait, en tournant vers la rue Saint-Denis. Cette rue tire son nom de l'égout qui y passait, à ciel ouvert, et sur lequel on fit un pont. L'égout ne fut couvert qu'au XVIIᵉ siècle.

93. Rue Quiquetonne ou Tiquetonne, de la rue Montmartre à la rue Montorgueil ou Comtesse-d'Artois.
94. Rue des Cordiers, partie de la rue *Thévenot*, qui s'arrêtait à la rue des Deux-Portes, en partant de la rue Saint-Denis.
95. Rue Béthisy (*Paris et ses Histor.* p. 204), de la rue de la Monnaie à celle des Bourdonnais.
96. Rue Tirechappe [1] (*ibid.* p. 204).
97. Rue des Deux-Boules ou *de Guillaume Porée* (1375), de la rue des Bourdonnais à celle des Lavandières.
98. Rue Jean-Tison (*ibid.* p. 205), de la rue des Fossés-Saint-Germain-l'Auxerrois à la rue Bailleul.
99. Rue du Cerf [*de la Monnaie*] [2] (*ibid.* p. 211).
100. Rue du Séjour [*du Jour*] [3].

IV. LES FAUBOURGS.

1° LIEUX ET ÉDIFICES REMARQUABLES.

A. L'Abbaye de Saint-Germain-des-Prés [4] (*Paris et ses Histor.* p. 223).

---

[1] La rue *Tirechape* joignait la rue Béthisy à la rue Saint-Honoré, vis-à-vis les Piliers des Halles. C'était une voie très-étroite, habitée par des fripiers que l'avidité portait, dit-on, à *tirer* la *chape* des passants. Jusque dans ces derniers temps, elle était hantée par des filles de joie, qui auraient bien pu contribuer aussi à lui faire appliquer ce nom. — Ce quartier, voisin des Halles, n'a été que tardivement couvert de petites maisons, ou boutiques, et d'échoppes en bois.

[2] La rue *du Cerf* ou *au Cerf*, plus tard rue *de la Monnaie*, joignait la rue du Roule à la place des Trois-Maries. Au xiii° siècle, on la nommait *vicus Cervi, in censiva Sancti Dionysi in carcere*. En 1387, elle est appelée rue de la Monnaie, anciennement du Cerf. A côté se trouvait une ruelle nommée *Gilbert-Langlois*. Il paraît que la monnaie royale fut frappée dans cette rue dès le xiv° siècle; l'atelier se trouvait en face de la rue Baillet, et longeait la ruelle Langlois dont nous venons de parler. On a vu plus haut la fabrication de la monnaie près de Saint-Jacques-la-Boucherie; Sainte-Croix-de-la-Bretonnerie avait été destinée d'abord à cet usage. Plus tard, au xvi° siècle, on transporta les ateliers monétaires en divers autres endroits, que nous signalerons dans la série des plans cavaliers de Paris.

[3] La rue *du Séjour*, puis *du Jour*, va de la rue Montmartre à la rue Coquillière, et aboutit au portail de l'église Saint-Eustache. Au xiii° siècle, elle portait le nom de *Raoul-Rossolle*; puis on lui donna celui de *Jean-le-Mire* (médecin). Charles V y plaça ses écuries et y fit un manège ainsi que des bâtiments qu'on appela *le Séjour du Roi*; toutefois on lui continua de s'appeler rue *Jean-le-Mire*. *Jour* est un abrégé du mot *séjour*.

En 1380, il y avait une petite rue, à présent le cul-de-sac du portail du nord, qui passait parallèlement à la rue du Jour, devant l'ancien portail de l'église primitive, et une croix était placée sur le carrefour formé par les rues Traînée, du Jour et Coquillière. C'est cette voie publique qui portait le nom de rue *Croix-Neuve*, au xiv° siècle. Elle fut naturellement bouchée par la construction de l'église actuelle, au xvi° siècle. Cependant le cul-de-sac, du côté de la rue Traînée, a bien pu porter le même nom.

[4] L'*abbaye royale de Saint-Germain-des-Prés* était, en 1380, délimitée par un enclos fermé de fortes murailles, crénelées et flanquées de tours et tourelles, le tout compris entre les rues Sainte-Marguerite, au midi, Saint-Benoît ou de l'Égout, Jacob ou du Colombier, et les rues du Guichet et de l'Échaudé. Nous ne prétendons pas donner ici une description complète de cette abbaye; la *Topographie historique* et les histoires spéciales satisferont bien plus complétement la curiosité; nous voulons seulement indiquer ce qu'était, en 1380, le monastère bâti. La clôture était complète et entourée de fossés pleins d'eau. On voyait encore, il y a une trentaine d'années, une tourelle de cette clôture au coin de la rue Saint-Benoît et de la rue Jacob. La porte principale était du côté de la rue Saint-Benoît,

B. Le Séjour de Nesle [1] (*Paris et ses Histor.* p. 224).
C. Le Pilori de Saint-Germain, place Sainte-Marguerite.
D. La Foire Saint-Germain [2].
E. Saint-Sulpice, église paroissiale [3].
F. La Grenouillère, sur le bord de la Seine, le long du Pré-aux-Clercs.
G. Les Chartreux, couvent et enclos [4] (*ibid.* p. 223).
H. Le Fief des Tombes [5].

en face du portail. L'église, très-ancienne et très-vaste, avait trois cloches, dont deux sur les transepts. Le grand cloître était au nord; Eudes l'avait fait rebâtir en 1227. On construisit, en 1239, le réfectoire et les murs; vers 1273, on éleva la chapelle de la Vierge, œuvre de Pierre de Montreuil, attenante au cloître oriental, mais séparée de l'église; elle n'existe plus aujourd'hui. En même temps, on éleva le dortoir et la salle du chapitre. Ces locaux en remplaçaient de plus anciens, ruinés ou menaçant ruine. Les jardins et dépendances regardaient le versant du nord, et allaient jusqu'à la rue Jacob. La prison se trouvait sur la place Sainte-Marguerite où, plus tard, au XVII° siècle, on pratiqua une porte pour l'abbaye. Sur des tableaux du XVI° siècle, on voit déjà une porte, ou poterne, avec un pont-levis de ce côté.

[1] En 1380, outre l'hôtel de Nesle, qui se trouvait dans l'intérieur de l'enceinte, près de la tour de ce nom et de la porte de la Ville, il y avait, en dehors du fossé, une maison de plaisance, qu'on appelait *le Séjour de Nesle*, et que Charles V donna à son oncle le duc de Berry, en 1380. Le terrain occupé par cette propriété et son jardin était assez considérable, et s'étendait jusqu'à la petite Seine, emplacement actuel de la rue des Petits-Augustins (rue Bonaparte).

[2] La *foire Saint-Germain* se tint en divers endroits; mais les halles de l'abbaye, proprement dites, furent toujours placées dans ce lieu. Les abbés possédaient ce territoire en entier; ce fut à charge de cens et d'autres avantages que le roi jouit, vers le XIII° siècle, de l'emplacement de la foire Saint-Germain pour y faire des jardins et un séjour de plaisance. Celui qu'elle occupait à l'époque du règne de Charles V, et que couvre encore le marché Saint-Germain, se trouvait dans le clos de Navarre, qui fut, en 1398, l'objet d'un échange avec le duc de Berry. Mais, comme il est à croire que la foire se tenait en un lieu quelconque, sur le territoire du bourg Saint-Germain, il ne semble point improbable que le possesseur de l'hôtel de Nesle et du Séjour, devant un cens à l'abbaye, lui ait accordé la faculté de tenir la foire dans cet enclos, et le lui ait cédé quinze ans plus tard. Sans rien affirmer à cet égard, nous avons placé la foire en cet endroit, et nous y avons figuré des bâtiments qui ne furent probablement élevés que plus tard.

[3] En 1380, l'église *Saint-Sulpice* était la paroisse du bourg et des serfs de l'abbaye Saint-Germain. Il est bien certain qu'elle exista dès une époque reculée; mais le monument qui se voyait au XIV° siècle ne remontait pas au delà du XIII°; il fut agrandi aux XV° et XVI° siècles. Les substructions de cette ancienne église existent encore sous la nouvelle.

[4] Ce couvent fut fondé par saint Louis et placé dans un ancien château, qu'on appelait *Vauvert* et qu'on prétendait hanté par les démons. Ce couvent et son église ne furent achevés que vers 1324; on bâtit, vers ce temps, les trente cellules, et plus tard on en ajouta d'autres. Chacune des cellules situées autour du grand cloître, au nombre de vingt-huit, était isolée et possédait un petit jardin. Près de l'église se voyait un petit cloître. Le clos était très-grand; c'est en suivant la direction du mur de clôture des Chartreux qu'on a formé la rue de l'Ouest. Tout cet emplacement était, récemment encore, compris dans le jardin du Luxembourg.

[5] Ce fief était situé sur l'emplacement de Notre-Dame-des-Champs et s'étendait du côté de Montrouge, où l'on sait qu'il existait un cimetière. Un lieu-dit de ce territoire se nommait *la Tombe-Issoire*, et une rue en a reçu le nom. On a fait une légende sur un géant du nom d'*Isore* ou *Isoré*; les titres disent *apud tumbam Ysore* (Pastor. A. 147). Il est tout naturel qu'il y ait eu, de ce côté, un cimetière gallo-romain, comme on en a retrouvé un autre tant dans l'enceinte que dans les environs du bourg Saint-Marcel. On voit, sur les anciens plans, un enclos, non loin de la butte du Mont-Parnasse; nous l'avons figuré à droite de l'enclos des Chartreux.

LÉGENDE DU PLAN.

I. Notre-Dame-des-Champs, église et couvent [1] (*Paris et ses Histor.* p. 221).
J. Saint-Jacques-du-Haut-Pas [2] (*ibid.* p. 222).
K. L'Hôpital de Saint-Jacques (*ibid.* p. 222), Clos des Francs-Mureaux [3].
L. Le Pressoir de l'Hôtel-Dieu [4] (*ibid.* p. 123).
M. Le Séjour de Valois [5].
N. Le Couvent des Cordelières [6] (*ibid.* p. 222).

[1] L'emplacement de *Notre-Dame-des-Champs*, ou *des-Vignes*, est connu, de temps immémorial, pour avoir été occupé soit par un temple païen ou gaulois, soit par une chapelle des premiers chrétiens. Ce couvent, occupé plus tard par les Carmélites, était situé sur le côté oriental de la rue d'Enfer. En 1380, il était habité par les religieux de Marmoutiers, qui l'abandonnèrent un peu après pour leur collège. Les bâtiments existant à cette époque étaient l'église, le cloître, avec les constructions servant à l'habitation et les dépendances. On attribue généralement la reconstruction des principaux édifices de ce couvent au roi Robert, qu'on regarde également comme ayant fait bâtir le château de Vauvert, où s'établirent les Chartreux. Ces parties anciennes disparurent à l'époque où l'on appropria le local pour les religieuses carmélites de Sainte-Thérèse-d'Avila, c'est-à-dire en 1604.

[2] Au xive siècle, cette église était la chapelle d'un hôpital; celle que nous voyons maintenant n'a été commencée qu'en 1640. Sous Charles V, le quartier était composé de grands clos et de vignes coupés par des chemins.

[3] L'*hôpital de Saint-Jacques* existait dès 1183. En 1286 il en est question; vingt-six ans auparavant, un legs avait été fait *magistro et fratribus Hospitalis Sancti Jacobi de Alto-Passu*. On a discuté ces dates. Pour nous, nous n'avons ici qu'à voir ce qu'était l'hôpital en 1380, époque à laquelle il est bien certain qu'il existait. Les chevaliers de Saint-Jacques s'étaient voués au soin et à l'entretien des pèlerins de Saint-Jacques-de-Compostelle. Ils avaient acquis des terres du *Clos du Roi*, qui était voisin de leur couvent. Les bâtiments ne remontaient point au delà des dernières années du xiie siècle. — L'hôpital Saint-Jacques fut donné à la maison de Saint-Magloire, en 1572; les bâtiments se voient encore aujourd'hui dans la rue Saint-Jacques, près de l'église de ce nom; après diverses restaurations, ils ont été affectés à l'établissement des sourds-muets.

Le *clos des Francs-Mureaux* s'étendait, au midi de Saint-Jacques, du côté de Notre-Dame-des-Champs.

[4] Le *pressoir de l'Hôtel-Dieu* était placé à côté de la *ferme* du même établissement. L'un et l'autre servaient à l'exploitation des terres et des clos de vignes, appartenant à l'Hôtel-Dieu, sur les terrains qui avoisinaient la porte Saint-Michel. Ces propriétés furent englobées plus tard dans le palais d'Orléans, aujourd'hui le Luxembourg. Il existe encore, dans l'Île-de-France, des fermes et des pressoirs de ce genre, dont les bâtiments remontent à cette époque, ainsi que la machine elle-même du pressoir; ils peuvent donner une idée très-juste de ce que pouvaient être ceux de Paris.

[5] Le *Séjour*, ou *l'hôtel de Valois*, occupait l'emplacement du Val-de-Grâce. C'était un fief nommé *le fief de Valois* ou *de Bourbon*, appartenant à la maison royale. Charles de Valois, fils de Philippe le Hardi, le possédait au commencement du xive siècle. Cette propriété passa ensuite dans les mains de la branche de Bourbon (1380). Les jardins, les terres et vignes de ce *séjour* s'étendaient jusque dans la vallée de la Bièvre, où ils venaient confiner aux terres de Lourcine et de Saint-Jean-de-Latran, ainsi qu'aux propriétés de l'Hôtel-Dieu qu'on désignait sous le nom de *la Santé*. Il y avait encore là, près de la rue Saint-Jacques, un manoir, avec quelques bâtiments de service, quand la reine Anne d'Autriche y plaça les religieuses du Val-de-Grâce.

[6] Le *couvent des Cordelières* était situé en la rue de ce nom, dans la vallée de la Bièvre, au faubourg Saint-Marcel, près de ce qu'on nommait, au xiie siècle, les terres de *Lorcines*. Marguerite de Provence fut la principale bienfaitrice de cette maison, avec Blanche, sa fille, veuve de Fernand de la Cerda. Elle leur donna le *châtel* de saint Louis, ce qui forma le noyau de leur couvent, avec d'autres maisons qu'elles avaient reçues. Leurs enclos occupaient, vers 1380, toute la vallée, jusqu'à la Bièvre, et les jardins qui appartiennent aujourd'hui aux Gobelins. Leur église fut consacrée en 1356. — Aujourd'hui, cette propriété est divisée et a servi à diverses industries. Il reste encore, en contre-bas du sol actuel de la rue, quelques vestiges du cloître et une petite chapelle dont la voûte peinte repré-

O. Saint-Hippolyte, église [1] (*Paris et ses Histor.* p. 221).
P. Saint-Marcel, collégiale, et son cloître [2] (*ibid.* p. 221).
Q. Saint-Martin, chapelle (*ibid.* p. 221).
R. Le Séjour d'Orléans [3].
S. Saint-Médard, église [4] (*ibid.* p. 221).

sente le triomphe de la Vierge, et passe pour être l'œuvre de Mignard.

[1] Cette église, fort ancienne, était primitivement une chapelle, dépendant de la collégiale de Saint-Marcel, qui en était voisine. Elle fut érigée en paroisse, au milieu du xiie siècle, et agrandie pendant le cours du xiiie. Aujourd'hui, elle est détruite entièrement; il en restait encore des vestiges assez considérables au moment de la démolition. On y a trouvé des caveaux funéraires, avec des sépultures d'évêques. Elle était située dans l'îlot formé par les rues Saint-Hippolyte, Pierre-Assis, des Marmousets et les maisons de la rue des Gobelins. Un cimetière était compris dans son enclos.

[2] Cette église collégiale est certainement l'une des premières chapelles que les chrétiens élevèrent sur le sol parisien. Nous parlons ici non-seulement de l'érection de cette chapelle comme sanctuaire, mais encore de l'édifice en lui-même. On sait bien qu'il dut être plusieurs fois reconstruit, et l'on a des preuves que la partie la plus ancienne, le porche, sous le clocher bâti plus tard, ne pourrait pas être attribuée à une époque postérieure au viiie siècle. L'édifice qui existait en ce lieu, vers 1380, était assurément le bâtiment dont les vestiges viennent d'être découverts, il y a peu de temps, dans les démolitions de la rue Mouffetard et du boulevard Saint-Marcel. Nous n'avons pas besoin d'entrer dans des détails étrangers à notre sujet, pour savoir si la chapelle existait avant la mort de saint Marcel, ou si elle fut bâtie sur son tombeau; nous dirons seulement qu'on a les preuves les plus convaincantes que tout ce quartier, et notamment le terrain appelé la place de la Collégiale, avait été destiné à un cimetière, depuis les temps de la domination romaine. Le bourg Saint-Marcel se forma autour de cette nécropole. Le cloître de Saint Marcel, où demeuraient les chanoines qui desservaient cette église, la place entre les deux églises, la chapelle *Saint-Martin*, située de l'autre côté de la place du cloître, avec des logements au pourtour, et des granges et bâtiments de service, formaient ce noyau du bourg Saint-Marcel. On entrait dans le cloître par la rue Mouffetard et par la rue des Francs-Bourgeois, où se trouvait une porte nommée *de la Barre.*

A cette époque, et dans la rue *de la Reine-Blanche,* qui faisait la ceinture méridionale du cloître Saint-Marcel, on remarquait plusieurs hôtels remontant très-probablement au xiiie siècle, mais dont certaines parties avaient été remaniées au xve. Dans la rue *des Hauts-Fossés-Saint-Marcel,* ainsi nommée des fossés qui entouraient les fortifications faites de ce côté, on voyait encore, au siècle dernier, des vestiges de tours et de portes. Il est donc certain que ce quartier, après avoir servi de grand cimetière à la rive gauche de Paris, se peupla et devint un faubourg de plaisance, pour les princes et les seigneurs de la cour. Il florissait surtout aux xive et xve siècles, époque où il était couvert d'hôtels et de jardins.

[3] Le *Séjour d'Orléans* fut créé par Louis de France, durant le xiie siècle. Le territoire s'appelait, en général, *Riche-Bourg* (*in dicte burgo*), et le fief, ou la maison, avec ses diverses dépendances, occupait tout le terrain, depuis le cimetière Saint-Médard, la rue Censier et la Bièvre, jusqu'à la rue Mouffetard; il remontait, de là, au Fer-à-Moulin jusqu'à l'hôtel de Clamart, qui en dépendait; puis le circuit se fermait par la rue d'Orléans. — La maison avait appartenu, sous le nom d'*hôtel des Carneaux,* à Jean de Maucouseil, puis à Miles de Dormans, qui la possédait en 1380. Ainsi, à cette époque, cette vaste propriété était composée de trois parties : l'hôtel des Carneaux, l'hôtel de Dormans, nommé depuis hôtel de Clamart, et les maisons vers le bas de la rue Mouffetard, près de la Bièvre. — Tout ce terrain est traversé maintenant par la rue Monge, que l'on vient d'ouvrir.

[4] L'église *Saint-Médard* est très-ancienne; elle était la paroisse d'un bourg qui portait ce nom, et qui couvrait le versant méridional de la montagne de Sainte-Geneviève, près de la Bièvre et en face du bourg Saint-Marcel qu'elle en séparait. Ces bourgs, florissants peut-être sous la domination romaine, restèrent, pendant la plus grande partie du moyen âge, comme abandonnés; mais ils reprirent quelque activité quand les seigneurs vinrent s'y fixer, et que l'on contraignit les tanneries

T. La Maison du Patriarche [1].
U. La Butte et le Moulin des Coupeaux [2].
V. L'Abbaye de Saint-Victor (*Paris et ses Histor.* p. 221) et la Tour dite d'Alexandre, à l'angle [3].
X, X, X. La Rivière de Bièvre [4].
Y. Les Terres d'Aletz.
Z, Z. Le Petit et le Grand-Pré-aux-Clercs [5] (*ibid.* p. 224).

et les teintureries à s'établir sur la Bièvre. L'église et le bourg Saint-Médard furent ruinés par l'invasion normande. L'ancien édifice était du XII° siècle, avec des parties du XIII°; il fut reconstruit et agrandi en 1586. Le chœur lui-même reçut divers accroissements; auparavant il était de forme circulaire, comme toutes les absides romanes. — Cette église est aujourd'hui presque entièrement dégagée.

[1] La *Maison du Patriarche* appartenait, en 1380, à Bertrand de Chanac, patriarche de Jérusalem, qui l'avait eue de Guillaume de Chanac, fondateur du collège de ce nom, mort en 1348. Cette maison occupait l'îlot compris entre la rue d'Orléans, alors *des Bouliers* ou *de Richebourg*, et la rue de la Clef. C'est sur l'emplacement des jardins qu'on perça la rue du Noir et une partie de la rue Gracieuse, qui alors faisait coude avec la rue Françoise. Plus tard, on y créa, sur la partie occupée par l'hôtel, le marché appelé *des Patriarches*. — Aujourd'hui, il ne reste que le passage allant de la rue Mouffetard au marché; toute la partie postérieure a été enlevée par les démolitions de la rue Monge.

[2] Au XIV° siècle, il existait sur cet emplacement une *butte* appelée *des Coupeaux* ou *Coipeaux*, appartenant à Sainte-Geneviève; c'était, depuis longues années, une voirie où l'on déchargeait les immondices du quartier, ce qui forma peu à peu la butte sur laquelle on établit un *moulin*, qui porta le même nom. — Au XVII° siècle, on en fit le Jardin du Roi pour les plantes médicinales. C'est maintenant la partie du Jardin des Plantes appelée *la Vallée Suisse* et *le Labyrinthe*.

[3] L'*abbaye de Saint-Victor* ne remonte pas au delà du XI° siècle; quant à la chapelle, elle existait à la fin du XII°, et elle faisait partie d'une celle du monastère. On construisit sans interruption, durant le XIII° siècle, l'église, qui fut rebâtie depuis sous François I°, et dont on ne conserva que quelques parties, le cloître, les bâtiments qui longeaient la rue Saint-Victor, et ceux qui avoisinent la rivière de Bièvre et le moulin. Un clos immense y était attenant; les religieux possédaient, en outre, la plupart des terres voisines, au territoire nommé *Aletz* et dans le clos du Chardonnet. Nous verrons ailleurs les diverses directions qui furent données au canal de la Bièvre.

A l'angle des murailles de clôture, et près de la butte Coupeaux, se trouvait une tour carrée, qu'on appelait *Tour d'Alexandre*. On a discuté beaucoup sur l'origine de cette tour. Sa forme d'abord, et ensuite son mode de construction, indiquent un ouvrage du XII° siècle, du genre de ceux que bâtirent les Templiers, puis les architectes du XII° siècle. On peut, sans entrer dans des détails qui seraient ici hors de propos, supposer que c'était tout simplement la *geôle* de l'abbaye. Quant au nom qu'elle porte, au lieu de l'attribuer à *Alexandre Langlois*, possesseur de maisons dans les ruelles d'Arras et de Versailles, situées en face, ne pourrait-on pas supposer qu'il s'agit du pape Alexandre, bienfaiteur de cette maison? — L'emplacement de la tour est occupé aujourd'hui par la Halle-aux-Vins et l'îlot de maisons se terminant à la fontaine Cuvier, en face du carrefour de la Pitié.

Nous avons placé sur ce plan les parties de l'abbaye qui existaient en 1380, et non celles qui ont été agrandies ou refaites au XVI° siècle, l'église notamment.

[4] Le cours de *la Bièvre* a été souvent modifié par les religieux de Saint-Victor. Au XII° siècle, on dériva l'eau de la Bièvre pour la faire passer dans l'enclos du couvent, et l'on y construisit un moulin. C'est vers 1150 que ce canal fut creusé; il aboutissait aux Grands-Degrés, près de la place Maubert, ainsi que nous l'avons tracé. En 1361, on lui creusa un nouveau canal, entre la rue *d'Aletz*, qui longeait l'enclos, et la rue des Fossés-Saint-Bernard; mais l'ancien canal ne fut pas comblé, et c'est pourquoi nous l'avons laissé subsister. Le cours de la Bièvre n'a pas sensiblement changé en amont du Pont-aux-Tripes et de la rue Mouffetard. — Aujourd'hui, la rivière coule dans un grand égout collecteur qui suit la rive gauche du fleuve et le franchit en amont du pont de l'Alma.

[5] Le *Petit-Pré-aux-Clercs* s'étendait au-dessous

a. L'Abbaye de Saint-Antoine-des-Champs [1] (*Paris et ses Histor.* p. 225).
b. Lieu dit plus tard Pincourt ou Popincourt.
c. La Courtille et la Chaussée de Belleville [2].
d. Saint-Laurent [3] (*ibid.* p. 228).
e. La Foire Saint-Laurent.
f. Saint-Lazare, son colombier et son clos [4] (*ibid.* p. 229).

de l'abbaye de Saint-Germain, depuis la rue Jacob, ou du Colombier, jusqu'au Séjour de Nesle, vers la rue de Lille; le *Grand-Pré-aux-Clercs* s'étendait, le long de la Seine, jusqu'à la pointe qui le terminait auprès du Palais-Bourbon, pointe marquée par le coude que formait la petite rue de Courty. Ce pré était, en 1380, divisé et loué, et il y existait bon nombre de guinguettes où les *escholiers* allaient se divertir. — Aujourd'hui, tout cet espace est couvert d'hôtels; mais ces constructions ne remontent qu'au milieu du xviie siècle.

[1] On est à peu près d'accord pour fixer au xiie siècle la date de la fondation du monastère de femmes appelé *l'Abbaye Saint-Antoine*, et qui était placé dans le faubourg de ce nom, sur la chaussée, devenue aujourd'hui la grande rue du faubourg. Les murs de l'enclos de cette abbaye confinaient aux terres du domaine royal de Reuilly. — L'église était une œuvre du xiiie siècle; les bâtiments ont été reconstruits presque entièrement au commencement du xviie. L'abbesse était dame de tous les petits villages du territoire compris entre la Seine et Popincourt, ou *Pincourt*. L'enclos du monastère était entouré de murs et de fossés, et les jardins et vergers étaient vastes. En entrant, on rencontrait une cour conduisant de la chaussée Saint-Antoine à l'église et aux cloîtres; les grands bâtiments de service étaient à gauche de cette entrée. Cette disposition n'a pas changé malgré les reconstructions.

[2] La *Courtille* a pris son nom des jardins et des vergers qui se trouvaient de côté. En 1175, ce lieu s'appelait *le clos Malevart*. Au xive siècle, après l'excès de prospérité de l'ordre du Temple, et avec l'argent qu'il répandait autour de lui, ce quartier se couvrit de petites maisons et de guinguettes qui bordaient la *chaussée* de Belleville. Auprès des coteaux de Belleville, il y avait un lieu nommé *Poitronville* ou *Petri villa*, avec fermes et pressoirs pour les vignes qui couvraient le versant. Des maisons de cultivateurs et vignerons s'élevaient près de la butte. — C'est aujourd'hui le faubourg du Temple et Belleville.

[3] *Saint-Laurent* est de fondation très-ancienne. Cette abbaye fut sans doute ruinée par les Normands, et il est à croire qu'elle était alors entourée d'un village de quelque importance, puisqu'elle se trouvait sur la grande voie conduisant de Paris dans le nord de la Gaule. Si ce lieu demeura ensuite désert, au moins relativement, il nous semble qu'il faudrait l'attribuer au voisinage de Saint-Martin, et ensuite au changement qui s'opéra dans Paris à l'avénement des Capétiens, circonstance qui amena le peuplement assez rapide de la rive droite, au détriment des villages qui se trouvaient au delà du marais formé par le cours des ruisseaux de Belleville et de Mesnilmontant. Aussi voit-on que, en 1149, Saint-Laurent appartenait au prieuré de Saint-Martin. Ce fut sans doute après Philippe-Auguste que cette église devint paroisse; son territoire s'étendait alors très-loin dans la Ville, puisqu'il atteignait les Halles. — L'église est du xiiie siècle, mais la nef et le fenestrage ont été remaniés et rebâtis au xve siècle. On vient de la restaurer, de l'agrandir et de l'enrichir d'un nouveau portail, ainsi que d'une flèche.

La *foire Saint-Laurent* se trouvait au-dessus de l'église; c'était une sorte de clos, avec des halles, ou des baraques, dans lesquelles, à certaines époques de l'année, le marché était *franc* pour les marchands forains. Les foires étaient un des droits productifs des abbayes et des seigneurs. Celle-ci avait été accordée à la léproserie de Saint-Lazare; Philippe-Auguste la transporta aux Halles des Champeaux, mais il accorda huit jours de foire annuelle sur l'emplacement.

[4] On suppose que *Saint-Lazare* n'était autre chose que l'abbaye de Saint-Laurent. Dès le xiie siècle, en effet, il existait une léproserie sur l'emplacement de Saint-Lazare. Il y aurait lieu de s'étonner que cette maison eût remplacé l'abbaye de Saint-Laurent, qui devait être voisine de l'église; mais nous comprenons parfaitement que Saint-Lazare et son clos aient été une *ferme* dépendant de Saint-Laurent, avant de devenir une léproserie. Le nom de Saint-Lazare, ou Saint-Ladre, était donné alors à toutes les léproseries. En 1226, on ne fait mention que de la maison de Saint-Lazare, *domus*

g. La Grange-Batelière [1].
h, h. La Butte des Moulins et le Marché aux Pourceaux [2].
i. Les Tuileries du faubourg Saint-Honoré [3].
j. La Chapelle des Martyrs (*Paris et ses Histor.* p. 231).

Sancti Lazari, du maitre et des frères, et non d'un abbé. Ces titres ne peuvent s'entendre d'un monastère régulier, mais ils s'appliquent très-bien à une communauté d'hôpital, de *Maison-Dieu*, et même de *Chevaliers* de Saint-Lazare. Cependant on voit, aux xiv° et xv° siècles, des maîtres qui se qualifient de *prieurs*. A côté du couvent, ou hôpital, qui donnait sur la rue Saint-Denis, nommée alors la chaussée Saint-Lazare, se trouvait, au xiv° siècle, la ferme de la maison, avec une cour où l'on remarquait une *mare* et un *colombier*. Elle était située dans la direction du grand *clos* Saint-Lazare, au milieu duquel s'élevaient les *buttes* et le *calvaire*.

Aujourd'hui, la maison de Saint-Lazare existe encore dans le haut du faubourg Saint-Denis. Le clos est occupé par la gare du chemin de fer du Nord et l'hospice de La Riboisière. Il est traversé en biais par le boulevard Magenta et la rue Lafayette.

Avant le xiv° siècle, le chemin tournait à droite et allait gagner la grande voie derrière Saint-Laurent; on évitait ainsi la montée assez rude du contre-fort de Montmartre.

[1] La *Grange-Batelière* était située à peu près à l'endroit où se trouve maintenant la salle de ventes des commissaires-priseurs. La voie qui va de la rue du Faubourg-Montmartre à cette salle porte encore ce nom, et l'on se rappelle que la mairie de l'ancien deuxième arrondissement de Paris formait, en face de la rue Richelieu, un coude encore indiqué par l'îlot de maisons qui est à droite de la rue Drouot. La Grange-Batelière appartenait à l'évêque de Paris. On la connaît depuis Louis le Débonnaire. Le nom a été très-discuté. Au xiii° siècle on écrit : *Granchia Batilliaca* et *Granchia-Bail-Taillée*; en 1308 : *Grange-au-Gastelier;* puis *Bateillère*, *Bataillère* et *Battelier*. Au xvi° siècle, on dit, comme aujourd'hui, *Grange-Batelière*. Ce vaste territoire était traversé anciennement par des ruisseaux, qui permettaient d'entretenir des prés et des jardins maraîchers. Au xiv° siècle, l'évêque, n'étant plus que seigneur suzerain, n'avait pas conservé la propriété utile de ce fief, qui était possédé par Guy, comte de Laval. Ce lieu, et plus spécialement la ferme et la *grange*, étaient entourés de murs et de haies, ce qui peut lui avoir fait donner anciennement le nom de *Tudella* et *Tutela*.

Quant à l'origine du mot *Batelière*, nous ne verrions aucun inconvénient à lui restituer ici sa signification ordinaire; des cours d'eau passaient dans ces cultures, et ils étaient fort abondants, puisqu'ils causaient parfois des inondations. Il se peut donc que, à une époque plus ou moins reculée, la Grange-Batelière ait eu un cours d'eau dans ses environs, peut-être même un bateau pour passer les gens de Montmartre, et que ce souvenir ait maintenu, parmi le peuple, qui crée et corrompt souvent les noms, l'appellation qui s'est conservée jusqu'à nos jours.

[2] La *Butte des Moulins*, depuis nommée *de Saint-Roch*, est l'espace compris entre la rue Saint-Honoré, la rue Saint-Roch et la rue Neuve-des-Petits-Champs; du côté de la rue Richelieu, elle avait été tranchée pour faire passer l'enceinte. On dit que cette butte était une ancienne voirie, dépôt d'immondices, comme la butte des Coupeaux et celle du Mont-Parnasse; s'il en est ainsi, ce dépôt a dû être fait à une époque bien ancienne, car la butte est énorme, et elle l'était encore davantage. Le nom de *Butte des Moulins* est celui qui lui convient, pour la date de 1380, puisque Saint-Roch n'existe que depuis 1525 au plus. Auparavant, il y avait, au bas de la butte, une grande propriété nommée *l'hôtel de Gaillon*, qui a donné son nom à une rue de ce quartier; cet hôtel possédait une petite chapelle, dite *de Sainte-Suzanne*. En dehors de la porte Saint-Honoré, on avait bâti, comme ce se fait chaque fois qu'un péage s'établit et qu'on veut s'y soustraire. Deux moulins à vent s'élevaient sur le point culminant de la butte, et lui donnèrent le nom qu'elle portait.

Vers l'orient, et dans un emplacement de forme triangulaire, qui longeait la contrescarpe des fossés de la nouvelle enceinte, on avait établi le *Marché-aux-Pourceaux* et la *Justice*, qui, auparavant se trouvaient au cloître Saint-Honoré, dans un endroit disposé de même, par rapport à la première porte de l'enceinte de Philippe-Auguste.

[3] Ces tuileries occupaient, en 1380, la place où plus tard on construisit le palais des Tuileries; mais elles ne s'étendaient pas sur tout l'emplacement que

k. L'Abbaye royale de Montmartre[1] (*Paris et ses Histor.* p. 231).

l, l, l. Le Ruisseau, et plus tard l'Égout de Mesnilmontant, traversant les jardins maraîchers[2].

m, m. Les Moulins à vent de Montmartre et les carrières à plâtre.

n. Lieu dit plus tard les Porcherons.

2° RUES.

1. Le Chemin des Vaches[3].

devait couvrir ce palais; il y avait, au delà, des maisons de plaisance, mêlées aux cabarets et aux magasins, et dans l'une d'elles des princesses se retirèrent pour recouvrer la santé. — Aujourd'hui, cet emplacement est occupé par le palais et son jardin, du Carrousel aux Champs-Élysées.

[1] L'*abbaye de Montmartre* remonte à une époque très-reculée. Avant l'introduction du christianisme dans les Gaules, il y avait certainement, sur le point culminant de la butte, un monument religieux celtique ou gallo-romain. De plus, dès les premiers temps de Lutèce, il a dû être établi, sur cette éminence isolée, un service de signaux; on sait qu'une ligne de ce genre existait par Pontoise, Mont-Javoult, près Gisors, etc. dans la direction de la mer. L'Abbaye, dont l'église accuse l'architecture des x° et xi° siècles, doit, par ses substructions, remonter encore plus haut. Elle fut ruinée aussi par les Normands, et subit depuis lors bien des vicissitudes. Vers la fin du xiv° siècle, elle se composait de l'église, d'un cloître et de bâtiments disposés sur les escarpements de la butte, en contrebas desquels s'étendaient les jardins étagés et murés, avec des tours et des tourelles aux points saillants. En avant du monastère était le village, ou plutôt les dépendances d'un monastère de cette importance, habitées par les chapelains, les gardiens et les vassaux armés. Des murailles et une porte, du côté du midi, et des poternes, du côté de la croupe de la butte, fermaient cette enceinte, qui était privilégiée, comme dans tous les monastères de femmes.

Des *moulins* à blé et à plâtre couvraient le reste de la butte, qui commençait à se creuser de tous côtés, notamment vers l'occident. Combien comptait-on de moulins? Nous l'ignorons. On peut supposer pourtant qu'ils s'élevaient au nombre de vingt, au moins, répartis à l'occident comme à l'orient. Le chemin montait suivant le versant méridional, et passait devant la *chapelle des Martyrs*, située au lieu où l'on croit que Saint-Denis et ses compagnons furent mis à mort. Cette chapelle fut reconstruite, d'abord au xii° siècle, et plus tard, quand on rebâtit le couvent à mi-côte, sur l'emplacement actuel de la Mairie. — L'Abbaye a été ruinée d'une manière complète; il ne reste actuellement que l'église, dont la partie ancienne doit être restaurée et conservée.

[2] Toute cette dépression de terrain qui se fait remarquer de Mesnilmontant à Chaillot, et où coulait ce qu'on a appelé d'abord *le ruisseau*, puis *l'égout* (parce qu'il l'était devenu), a changé plusieurs fois d'aspect et de direction. Aux premiers siècles, lorsque les coteaux qui entourent Paris étaient, pour la plupart, couverts de forêts, le ruisseau de Mesnilmontant était une rivière; on en voit les traces partout dans le sous-sol de Paris, et la nappe souterraine existe encore, fort vive et fort abondante. Grégoire de Tours parle même de dégâts causés par ses débordements. A mesure que les défrichements s'opérèrent, il diminua; on le divisa en rigoles; on le dirigea vers Paris, dans les fossés et dans les fontaines. Au xiv° siècle, il remplissait le rôle d'égout, et, à partir de ce moment, on voit les maraîchers creuser une multitude de puits, pour en tirer l'arrosage que le ruisseau leur donnait auparavant. Nous avons indiqué dans le plan le ruisseau et les rigoles, avec l'emplacement des jardins marquant la ligne de dépression, ainsi que les *chaussées* qui traversaient ce terrain marécageux.

[3] Le *Chemin des Vaches* était anciennement celui qui longeait le côté méridional du Pré-aux-Clercs; par suite, on donna le nom de chemin, rue ou ruelle *du Vachet* ou *des Vaches*, à toutes les voies qui conduisaient les bestiaux aux pâturages de cette région. La rue Saint-Dominique actuelle suit, à peu de chose près, l'ancien Chemin des Vaches; car, en la bâtissant, on a dû suivre les lignes d'abornement du Pré. La rue Taranne a porté aussi ce nom, parce qu'elle continue la rue Saint-Dominique. Les rues descendantes se sont aussi appelées rue des Vaches, par la même raison, mais plus tard, et à mesure que l'ancien chemin se bâtissait. A l'extrémité occidentale du *Chemin des Vaches*, se trouvait la *Justice*, ou le gibet de l'abbé de Saint-Germain.

LÉGENDE DU PLAN. 79

2. Le Chemin de Vaugirard [1].
3. Rue du Faubourg-Saint-Jacques [2] (*Paris et ses Histor.* p. 222).
4. Rue de Lourcine et le fief du même nom [3].
5. Le Clos ou Pré dit plus tard de l'Avocat.
6. La Grande Rue Saint-Marcel [4].
7. Rue Mouffetard [5].
8. Rue des Fossés-Saint-Marcel, ancienne fortification du bourg ; de la rue Mouffetard à la rue des Francs-Bourgeois.
9. Rue Saint-Hippolyte, de la rue de Lourcine à la rue Mouffetard.
10. Rue des Sept-Voies, plus tard de l'Arbalète [6].

[1] La rue *de Vaugirard* est un ancien chemin dont la direction n'a pas varié ; elle commence à la rue des Francs-Bourgeois-Saint-Michel (rue Monsieur-le-Prince), et pénètre jusque dans l'ancien village de ce nom, dont elle constitue la principale voie. En 1256, on l'appelait rue *Valboitron* ou *Vauboitron;* son nom actuel lui vient de Girard, abbé de Saint-Germain, qui y fit construire une chapelle. On la nomma aussi rue *de la Venerie* et *des Vaches.* En 1380, et beaucoup plus tard, c'était un chemin bordé de murs et de rares maisons ; aujourd'hui la rue est bâtie dans tout son parcours.

[2] La rue *du Faubourg-Saint-Jacques* suit la grande voie qui traversait et traverse encore Paris, du nord au midi. Elle paraît avoir eu plus d'importance dans ces temps reculés qu'au moyen âge, et même qu'à présent. Toute l'activité s'est portée au nord, dans la plaine, que la vieille ville, avec ses rues escarpées, a plutôt perdu que gagné. En effet, on a des raisons de croire que l'enceinte de Philippe-Auguste laissa en dehors une partie du haut de la montagne, où les Romains avaient eu des rues et des palais. — En 1380, la rue du Faubourg-Saint-Jacques était bordée de nombreuses auberges et hôtelleries ; on y voyait, en outre, l'hôpital de Saint-Jacques, les manoirs de Valois, Notre-Dame-des-Champs, qui autrefois avaient été des clos.

[3] La rue *de Lourcine* ou *Lorcines*, qu'on écrit aussi *l'Oursine*, va de la rue Mouffetard au Pont-aux-Tripes, sur la Bièvre, au delà du Champ-de-l'Alouette ; elle suit, en la contournant, la rive gauche de la rivière. Le fief de Lourcine s'étendait sur les bords de la rivière et sur le versant de la montagne Sainte-Geneviève ; il comprenait le fief de Saint-Jean-de-Latran qui, au XIIᵉ siècle, était dit *prope ulmum Laorcinis.* On lisait, dans les titres latins du même siècle, *locus Cinerum*, qu'on retrouve dans le nom de rue *de la Cendrée*, aujourd'hui Poliveau et des Saussaies. Cette voie, qui traverse d'anciens clos, contournait le bourg Saint-Marcel, qui était fortifié, ainsi que nous l'avons dit ; c'était probablement le chemin des Gaulois, leur route habituelle pour remonter la Seine jusqu'à Melun. — Le *Clos* ou *Pré de l'Avocat*, sur le versant, derrière *la Santé*, était, au XIVᵉ siècle, une dépendance des terres de l'Hôtel-Dieu.

[4] La *Grande Rue Saint-Marcel* était, au XIVᵉ siècle, le tronçon de rue qui va de la Bièvre au Pont-aux-Tripes, à travers le bourg, jusqu'à la porte qui se trouvait au-dessus de la rue Croulebarbe, ou des Gobelins. C'est aujourd'hui une partie de la rue Mouffetard. Elle passait entre Saint-Marcel, son cloître et l'église Saint-Hippolyte, et coupait en deux le Champ-des-Morts, ainsi que le Grand Cimetière ; puis elle retrouvait plus haut le chemin qui continuait la rue de Lourcine.

[5] La rue *Mouffetard* s'étend de la rue Contrescarpe (Blainville), sommet du plateau, au bas du versant, puis à la Bièvre et au Pont-aux-Tripes. Passé ce pont, on l'appelait rue *Saint-Marcel*, ou *Saint-Marceau*. On tire le mot *Mouffetard*, ou *Mouffetard*, de *Mons Cetardus*, ou *Cetarius*, que portait la partie de cette montagne regardant la Seine, au sud-est. Dans les premiers temps, après la conquête des Francs, tout le terrain compris entre cette rue et la Seine était planté de vignes, ou cultivé en terres labourables et vergers ; jusqu'à la butte Copeau, on le nommait *le Breuil* (*Brolium*). Aujourd'hui, la rue Mouffetard comprend les deux versants entre lesquels coule la Bièvre.

[6] Au XIVᵉ siècle, la rue *des Sept-Voies*, qui a pris plus tard le nom *de l'Arbalète*, qu'elle porte encore aujourd'hui, allait de la rue Mouffetard à la rue des Charbonniers. La maison de l'Arbalète faisait le coin de la rue Mouffetard, et la maison de Jean de Gannay, chancelier de France, était de l'autre côté, vers la fin du XVᵉ siècle. Cette rue suit

11. Rue de la Reine-Blanche, de la rue Mouffetard, ou Saint-Marcel, à la porte de la Barre.
12. Rue de Croulebarbe et le Moulin [1].
13. Hôtel Paillard, puis *de Coupeaux* et *de Clamart*; plus tard Clos et *Cimetière de Clamart*.
14. Le Canal de la Bièvre.
15. Le Chemin de Charenton.
16. Le Chemin de l'Abbaye Saint-Antoine et du *Château de Vincennes*.
17. Le Champ-l'Évêque, plus tard *Mont-Louis* et *le Père-Lachaise* [2].
18. Le Chemin de Savies et Poitronville, depuis *Belleville-sur-Sablon*.
19. Les Buttes Chaumont.
20. Le Gibet de Montfaucon [3].

le bas de la montagne, parallèlement à la rue de Lourcine et au-dessous. Elles renfermaient toutes deux, jusqu'à la rue des Bourguignons, un pâté de maisons traversé par la rue des Lyonnais et par d'autres ruelles alors habitées presque exclusivement par des ouvriers et des artisans du dehors, comme les noms des rues l'indiquent. Ils profitaient ainsi des priviléges du fief de Saint-Jean-de-Latran et de l'hôtel *Zône* ou *Jaune*, qui empêchaient l'action des corporations sur ce territoire — Aujourd'hui, tout ce quartier est démoli et remplacé par les boulevards Arago et de Port-Royal; la partie qui touche à la rue Mouffetard doit elle-même bientôt disparaître.

[1] Cette rue, qui part de la rue Mouffetard, à l'angle sud des Gobelins, et aboutissait, en suivant la Bièvre, à un moulin qui porte son nom, est d'origine très-ancienne. Son territoire dépendit d'abord du chapitre de Saint-Marcel, puis de celui de Sainte-Geneviève. Dès le xiii° siècle, il est question des vignes et plants de Croulebarbe. Quant au moulin à eau placé sur la rivière, il existait déjà depuis longtemps à cette époque. Après le xv° siècle, on le trouve quelquefois appelé *Moulin-de-Notre-Dame*.

[2] Toute la colline occupée à présent par le cimetière du Père-Lachaise était, au xiv° siècle, une propriété de l'évêché de Paris; on l'appelait *le Mont-l'Évêque*, et il y existait une *ferme*. On peut délimiter cette terre par les désignations qui servirent plus tard à la Folie-Regnault et aux Jésuites, ainsi que par les premières clôtures du cimetière.

[3] Le *Gibet de Montfaucon*, qui était la Justice du Roi, a existé sur l'emplacement où on le trouve au xiv° siècle, et où il avait été établi à une époque qu'on ne saurait fixer. On sait seulement que le

gibet se trouvait en regard des faubourgs de Paris. Son emplacement peut être délimité par les rues actuelles des Écluses-Saint-Martin, Grange-aux-Belles et par le quai Valmy. C'était un clos fermé de murs, avec une butte au centre, sur laquelle s'élevaient les piliers en maçonnerie, qui portaient les poutres transversales scellées, auxquelles étaient fixés les anneaux des chaînes de suspension. Il y avait seize piliers et deux étages de traverses. Sous le massif de maçonnerie qui portait les piliers, et qui était fermé par une porte placée en avant des degrés qui conduisaient à la plate-forme, il avait été ménagé un grand caveau, où se plaçaient les ossements des suppliciés, après l'expiration du temps d'exposition fixé par la sentence. Ce massif était assez élevé pour que, du dehors, on ne pût y atteindre. Il y avait, en outre, une maisonnette avec un gardien. Ce gibet avait été reconstruit sous Philippe le Hardi, dans les dernières années du xiii° siècle. A la fin du xiv°, il était en très-mauvais état, et l'on fut obligé, sous Charles VI, de placer dans le clos des potences provisoires. Après le xvi° siècle, quand la construction de l'hôpital Saint-Louis eut amené le peuplement de ce quartier, on transféra la *Justice du Roi* au pied des buttes Chaumont, où, paraît-il, avait existé une ancienne justice seigneuriale. Ce dernier gibet subsista jusqu'à la révolution de 1789.

Au xiv° siècle, il y avait d'autres *justices* dans l'intérieur de Paris, dans presque tous les marchés et sur certaines places. On tenait à ce que les exécutions eussent la plus grande publicité. Mais les *gibets*, c'est-à-dire les fourches patibulaires, où les suppliciés devaient demeurer exposés pendant plusieurs jours, étaient placés aux carrefours des chemins en dehors de la Ville.

TABLE.

	Pages.
NOTICE..	1

SOMMAIRE. — Importance des représentations figurées, au point de vue historique. — Ichnographie parisienne. — Plans de restitution. — Avantages généraux du plan restitué en élévation. — Défauts propres à ces plans. — Conditions nécessaires à l'établissement d'un plan cavalier. — Appréciation définitive du plan cavalier. — Choix des époques; considérations qui le motivent. — Époques successives se prêtant à l'établissement d'une série de plans cavaliers. — Paris en 1380; raisons de commencer par cette date. — 1380, époque parfaitement caractérisée. — Coup d'œil général sur le Paris du moyen âge (996-1514). — Mode de peuplement. — Vue d'ensemble. — Influence topographique des associations parisiennes. — La Seine et les quais. — Le Commerce. — Rues et maisons. — Habitations particulières. Détails intérieurs. — Détails extérieurs. — Grands édifices; particularités de la voie publique. — Toitures. — Moulins. — Pavage. — Viabilité. — Aspect à vol d'oiseau. — Faubourgs et environs immédiats. — Rive droite. — Cours d'eau de la rive droite. — Rive gauche. — Échelle et détails de ce plan. — Considérations particulières suggérées par le plan de 1380. — Observations de détail. — Orientation. — Plan ichnographique annexe.

LÉGENDE...	33
I. LA CITÉ...	Ibid.
1° Lieux et édifices remarquables...........................	Ibid.
2° Rues...	35
II. L'UNIVERSITÉ...	38
1° Lieux et édifices remarquables...........................	Ibid.
2° Rues...	44
III. LA VILLE...	50
1° Lieux et édifices remarquables...........................	Ibid.
2° Rues...	61
IV. LES FAUBOURGS...	71
1° Lieux et édifices remarquables...........................	Ibid.
2° Rues...	78

www.ingramcontent.com/pod-product-compliance
Lightning Source LLC
LaVergne TN
LVHW020944090426
835512LV00009B/1705